Waldtraut Lewin
Luise, Hinterhof Nord

Ein Haus in Berlin
1890

Waldtraut Lewin

Luise,
Hinterhof Nord

Ein Haus in Berlin 1890

Ravensburger Buchverlag

Die Deutsche Bibliothek – CIP-Einheitsaufnahme

Lewin, Waldtraut:
Luise, Hinterhof Nord : ein Haus in Berlin 1890 /
Waldtraut Lewin. - Ravensburg :
Ravensburger Buchverl., 1999
(Ravensburger junge Reihe)
ISBN 3-473-35186-5

RAVENSBURGER JUNGE REIHE

3 2 1   01 00 99

© 1999 Ravensburger Buchverlag

Die Schreibweise entspricht den
Regeln der neuen Rechtschreibung.

Umschlag – Ekkehard Drechsel
mit freundlicher Genehmigung zum Abdruck
eines Fotos der Landesbildstelle Berlin
Umschlagkonzeption – Constanze Spengler
Redaktion – Burkhard Heiland
Printed in Germany

ISBN 3-473-35186-5

1. Luises Welt

Luise lehnt außerhalb des Lichtkreises der Gaslaterne an der Mauer und heult.

Mutter ist nicht nach Haus gekommen. Mutter ist mal wieder abgängig. Und das bedeutet, Luise muss sie suchen.

Um sechs war der Nähkurs zu Ende. Um sieben ist sie mit Bertram verabredet. Nicht mal absagen kann sie ihm. Nicht mal auf einen Kuss, auf eine Berührung vorbeischauen. Die Fourragehandlung von Bertrams Vater, wo sie sich zwei-, dreimal die Woche heimlich treffen, liegt in einer ganz anderen Ecke der Stadt. Sie muss runter zum Kanal, wo die Kneipen und Destillen sind, und sie darf keine Zeit verlieren.

Die Leute auf der Straße haben alle einen schnellen Schritt am Leib. Es ist kalt. November. Es riecht schon nach Schnee. Wenn Mutter bei der Kälte irgendwo draußen liegen bleibt, dann holt sie sich wieder was weg. Das letzte Mal im April, da gab es noch Nachtfröste, und sie hatte sich eine Lungenentzündung eingefangen, die sie für einen ganzen Monat umhaute. Da mussten die Töchter ihre Arbeit machen, recht und schlecht, und sie hatte ein paar Kunden verloren. Wer will schon eine unzuverlässige Waschfrau beschäftigen. Als wenn's nicht genug Leute gäbe, die die Arbeit machen. Das darf nicht wieder vorkommen, jetzt so kurz vor Weihnachten, so ein Verdienstausfall! Noch dünnere Suppen als sonst immer.

Luise wischt sich wütend die Tränennässe mit den Handflächen vom Gesicht. Am liebsten würde sie fluchen, schimpfen, auf jemanden einschlagen. Lina, die kleine Schwester, die ihr die Unglücksbotschaft überbrachte, die hat gleich die Beine in die Hand genommen. Die kennt sich aus, die krummbeinige Göre. An ihren dünnen Rattenschwanzzöpfen hätte sie sie gepackt!

Warum kann nicht wer anders die Mutter suchen? Da hocken sie zu Haus herum, ihre reizenden Schwestern. Hedwig verkriecht sich hinterm Waschbottich. Agnes, das faule Stück, sielt sich wie immer im Bett und pennt. Vater ist in der Stammdestille – Na los, Lina, renn mal zu Luise, die kann das am besten. Die kann mit den Leuten umgehen. Ist ja so schlau und so gebildet! Die feine Luise, die sogar zur Tanzstunde darf!

Noch immer steht sie im Schatten. Gaslaternen! 'ne großartige Neuheit hier in Berlin. Taghell mitten in der Nacht. Besonders schön, wenn man falsch angezogen ist für das, was man vorhat. Ihre hübschen Knöpfstiefelchen, die sie nur für Nähkurs und Tanzstunde anzieht. So eng, dass sie an den Zehen drücken, und viel zu dünn für die Jahreszeit. Die leichte Jacke. Kein Schultertuch. Und im Haar die blaue Seidenschleife, die ihr Bertram geschenkt hat. Na Mahlzeit! Wenn sie in diesem Aufzug in so 'ne Spelunke reinkommt, kriegen die Kerle gleich Stielaugen.

Wütend zerrt sie sich das Band aus dem Haar, befestigt den Zopf so gut es eben geht mit ein paar Nadeln am Hinterkopf. Diese blonden Haare! Wenn sie bloß ein Tuch oder eine Kapotte hätte, um weniger aufzufallen! So wird sie was zu hören kriegen.

Es geht schon los, kaum dass sie ihren Platz im Schatten verlässt.

»Na, Frolleinchen, schon wat vor heute Abend?«

Sie guckt gar nicht hin. Macht den Nacken steif, setzt ihre hochmütigste Miene auf.

»Zieh ab, du Penner!«

In ihrer Stimme ist die ganze Wut, die sie in sich fühlt, ihr Zorn auf ihre Familie, die Enttäuschung über den verratzten Abend. Der Mann folgt ihr nicht.

Also los. Runter zum Kanal. Aber vorher ein paar Kunden abklappern. Vielleicht hat irgendwer mitgekriegt, wann die Sandern 'ne Fahne hatte und wo sie abgeblieben ist …

Das ist nun mal so. Das muss man nicht beschönigen. Anna Sander trinkt. Sie kann über Wochen, über Monate »ohne« auskommen. Aber wenn sie das bewusste eine Gläschen intus hat, das ihr irgendwer angeboten hat, dann gibt es kein Halten mehr. In Berlin nennt man so was eine Quartalssäuferin.

Luise kennt die Geschichte. Weiß, dass die Mutter als Waisenkind in einer Kneipe aufwuchs und die Gäste sich 'nen Jux draus machten, dem kleinen Schmuddelmädchen was zum Trinken einzuflößen, weil sie dann so lustig wurde und auf dem Tisch tanzte. Irgendwann war's zu spät. Da kam sie nicht mehr weg von dem Zeug. Später in Berlin als Dienstmädchen schaffte sie's und ließ die Finger davon. Und sie heiratete Sander und alles ließ sich gut an – bis ihr Mann vom Baugerüst fiel und keine Arbeit mehr kriegte wegen der Knieverletzung, und die Kinder kamen wie die Orgelpfeifen – vier Mädchen. Da ging es wieder los.

Bloß, das rührt keinen und darum muss man es auch keinem erzählen. Die Leute zucken die Achseln über solche Geschichten. Schnapsdrossel ist Schnapsdrossel, egal, aus welchen Gründen. –

Luise läuft los. Sie geht rasch und energisch. Wenn man schnell geht, friert man weniger. Ihre Absätze klappern auf dem Pflaster.

Sie weiß, zu wem die Mutter heute Wäsche gebracht hat. Zehn, zwölf Schürzen waren dabei gewesen. Alle hatten dran schrubben müssen, so verdreckt waren sie gewesen, vor allem mit Blutflecken. Sogar die kleine Lina hatte mitgemacht, bis sie heulte, weil ihre Hände von der heißen und scharfen Seifenlauge so brannten. Alle bis auf Luise. Die saß am Küchentisch und übte Hohlsaum für ihren Nähkurs. Na, nun haben sie's ihr heimgezahlt.

Die Schürzen gehören einer Frau im Scheunenviertel, die eine Kleintierschlachterei hat. Zu ihr kommen Leute, wenn sie ein Huhn oder ein Karnickel nicht zu Haus schlachten und noch ein paar Pfennige für den Balg oder die Federn kassieren wollen. Die Frau trocknet die Bälge und verkauft sie an Kürschner weiter, und die gesplissten Federn gehen an eine Bettenhandlung. Außerdem soll sie noch andere Sachen machen, bei denen man sich auch blutige Schürzen holt. Agnes, immer mit dem Mund vorweg, hat sie eine Engelmacherin genannt und eins von der Mutter hinter die Ohren gekriegt. Man kann sich seine Kundschaft nicht aussuchen. Man muss nehmen, was kommt.

Luise geht in der Mitte der Straße. Das Scheunenviertel ist gleich um die Ecke. Hier sind die Gaslaternen spärlicher gesät als auf den großen Boulevards. Eigentlich nur an jeder Kreuzung eine. Die Bürger, so heißt es, sind angehalten, ihre Hausbeleuchtungen anzuzünden. Aber wer schmeißt sein Geld schon zum Fenster raus? So lange es keine Polizeiverfügung ist! Über den Türen der Kellergewölbe, die noch geöffnet sind (sie nennen sich großspurig Viktualien- oder Kolonialwarenhandlungen), brennen trübe Petroleumfunzeln. Keine gute Gegend. Zum Glück sind um diese Zeit noch anständige Leute unterwegs, Handwerker, die nach Haus gehen, ihr Arbeitszeug in Säcken über der Schulter, Zugehfrauen, die Feierabend machen, Familienmütter, denen einfällt, dass was zum Abendessen fehlt.

Die Kleintierschlachterin ist bekannt dafür, dass sie meist 'nen Schnaps auf dem Tisch hat. Kann ja sein, die Mutter ist bei der hängen geblieben. (Wäre vernünftiger gewesen, wenn eins der Mädchen den Gang dorthin erledigt hätte.) Vielleicht hat sie ja Glück, gleich bei dieser Frau zu suchen. Wenn sie die Mutter schnell findet und sie nach Haus bugsiert – ja, dann würde sie es noch schaffen zu Bertram. Er wird warten, auch wenn es ein bisschen später wird. Bestimmt wird er warten.

Beim Gedanken an Bertram wird Luise warm. Das Blut strömt schneller durch ihre Adern. Unwillkürlich öffnet sie die Lippen. Der Gedanke an einen Kuss von ihm verbindet sich bei ihr mit dem Geschmack nach Mandeln und Zucker – meist kauft er vor ihrem Rendezvous beim Konditor eine Querstraße weiter eine Tüte Makronen. Wenn sie zu ihm kommt, sind sie noch warm. Und noch bevor sie ihre Jacke abgelegt hat, schiebt er ihr etwas von dem Gebäck zwischen die Lippen und nimmt es mit seinen von ihr ab, und so küssen sie essend und essen küssend, und ihre beiden Münder sind voll Staubzucker, luftig weichem Teig und körnigen Mandelsplittern. Sie glaubt es zu schmecken. Unachtsam geworden, stolpert sie auf dem holprigen Pflaster, knickt um. Die hohen Absätze! Fast hätte sie sich den Knöchel verrenkt.

Vor Schmerz und Enttäuschung schießen ihr die Tränen in die Augen. Sie kneift wütend die Lider zusammen, um den

Schleier zu entfernen. Hier im Dunkeln rumstolpern, auf dieser kalten, dreckigen Straße in diesem dreckigen, gefährlichen Viertel, und Anna Sander bei irgendeinem Schnapsglas zu suchen, statt bei Bertram zu sein, im Warmen, mit ihm gemeinsam im großen Sessel des Kontors …

Wieder einmal hat Luise das Elend ihrer Familie satt, bis zum Stehkragen satt. Sie will raus da! Raus! Raus aus all dem! Das muss aufhören. Sie will keinen Waschtrog in der Küche und keinen Vater, der nur in der Kneipe hockt und die Gören verdrischt, sie will ihre neidischen dummen Schwestern nicht, sie will weg aus dem zweiten Hinterhaus, in dem sie lebt. Je schneller, desto bester.

Sie presst die Hände zu Fäusten. Es gibt nur einen einzigen Weg. Sie weiß das und der Rest ihrer schäbigen Familie weiß es auch. Sie muss sich heiraten lassen. Muss einen Mann finden, dem ihr hübsches Gesicht, ihre schöne Figur, ihre guten Manieren und ihr kluger Kopf wichtiger sind als Geld.

Und dass dieser Mann Bertram sein soll – nun, da muss er schon selbst drauf kommen.

Das Pflaster hat aufgehört. Luises Stiefel stapfen durch getrockneten Schlamm. Eine Baustelle neben der anderen, man muss aufpassen, dass man nicht in eine der unbeleuchteten Baugruben stürzt.

Berlin, halb Kuhdorf, halb Stadt. Mitten auf der Wiese stehen schon ein paar Mietskasernen, fünf-, sechsstöckig, und ein paar Fenster sind erleuchtet. Abendbrotzeit. Es riecht nach Kartoffeln, Kohl und Hering. Eklig. Wie zu Hause. Luise presst die Hand vor die Nase.

Ein paar Meter weiter, da kommen die alten Häuser. Zweistöckig, lang gestreckt, ohne Keller, Durchfahrt zum Hof. Einstige Kätnerhäuser. Die Stallungen verfallen. Die Felder sind zugebaut.

Hier haben kleine Bauern die Städter mit Milch, Kartoffeln und Grünzeug versorgt und recht und schlecht gelebt. Jetzt sind ihre Äcker Bauland. Haben alle ihren Schnitt gemacht. Leben von den Zinsen. Es wohnt kaum noch wer hier.

Im Seitengebäude eines solchen Kätnerhauses sitzt die Kaninchenschlachterin.

Luise findet das Haus, weil sie sich an den Birnbaum erinnert, der davor steht. Sie hat ein gutes Gedächtnis. Sie kann Orte genauso behalten wie lange Gedichte.

Stockdunkel ist die Toreinfahrt. Es stinkt nach verrottetem Fleisch auf diesem Hof. Irgendetwas berührt ihren Kopf, und sie greift mit einem leisen Aufschrei danach. Ihr Herz tobt. Etwas Haariges, Weiches … Natürlich. Die Kaninchenfelle, gewendet zum Trocknen aufgehängt hier draußen. Glitschige und pelzige Dinger. Sie schüttelt sich.

Unter der Schuppentür dringt ein schwacher Lichtschein hervor. Die alte Fregatte scheint ja zu Haus zu sein.

Luise atmet tief durch.

Wär das schön: Wenn jetzt da drin, an dem wackligen Tisch, der Frau gegenüber ihre Mutter sitzen würde, mit zwei, drei Gläschen intus, aber sonst gut beisammen, so gut, dass sie aufstehen und mit ihrer Tochter losgehen könnte, nach Haus. Und sie, Luise, würde dann losrennen ins Kontor der Fourragehandlung, zu Bertram …

Sie klopft fest und energisch.

Erst rührt sich nichts. Dann klappert was, raschelt, tuschelt. Eine heisere Stimme fragt: »Wer ist da?«

»Luise, die Tochter von der Waschfrau.« Sie gibt sich Mühe, so freundlich und unbedarft zu klingen, wie's nur geht. »Darf ich reinkommen?«

»Die is lange weg. Und bezahlt hab ick ooch.« (Luise treibt manchmal das Geld ein.)

»Ich möchte trotzdem rein!«

Keine Antwort. Na gut. Man darf sich nicht abschütteln lassen. Wenn's sanft und wohlerzogen nicht geht, dann anders. Hilf dir selbst, dann hilft dir Gott. Wenn die da drinnen krumme Geschäfte macht, dann will sie bestimmt keinen Krawall.

Luise schlägt mit der flachen Hand stetig und unablässig gegen die Tür.

Die Rechnung geht auf.

Der Riegel klirrt. Eine kleine, dickliche Person mit grauem Dutt und Brille steht da und sagt: »Biste meschugge, Meechen? Wat soll der Krach? Willste Kleinholz aus meene Türe machen?«

Nun kann Luise wieder zuckersüß sein. Knickst sogar. »Ich würde gern ein paar Worte mit Ihnen wechseln, Madame Irxleben, wegen meiner Mutter.« Fein hochdeutsch. Und an der Ollen vorbei ins Innere. (Der Name war ihr erst wieder eingefallen, als sie die Frau sah.)

Dachte sie's doch. Da drin ist noch jemand. Am Tisch, im Lichtkreis der Petroleumlampe, sitzt ein junges Ding, bestimmt kein bisschen älter als Luise selbst, heult still vor sich hin und zerknüllt die Schürze mit den Händen. Guckt nicht hoch. Seitlich auf dem Tisch hat die Irxleben was mit einem Handtuch zugedeckt. Auf dem Spirituskocher da hinten steht ein Wasserkessel.

Eine Engelmacherin. Die hilft den Frauen vom Kind, wenn sie's nicht wollen …

Schlimm, aber jetzt nicht Luises Problem. Da steht die Flasche mit dem Klaren auf dem Tisch, halb voll nur noch, und die Gläser.

»Wie viel?«, fragt sie.

Die Frau grinst. »Frolleinchen, ick hab's Ihrer Mutter nich ins Maul jezählt. Hat ihr aber jeschmeckt. Hatte 'ne janz schöne Hacke weg, als se abjezogen is.«

Luise schluckt an ihrer Wut. »Meine Mutter darf nicht trinken«, sagt sie. »Unsere besseren Kunden wissen das auch und richten sich danach. Aber bei Ihnen …«

»Nu werd mal nich kiebig«, sagt die Frau, und sie grinst immer noch. »Jedenfalls hat deene Mutter keen Schild um 'en Hals, wo druffsteht: *Bitte nichts zu trinken geben.* Hab se bloß jefragt, ob sie eenen mittrinkt. Hätte se ja nich jemusst.«

»Wo ist sie hin?«

»Ick hab keenen Dunst. Vielleicht in 'n ›Hammelkopp‹ oder in ›Müllers Destille‹? Liegt hier alles um die Ecke.«

»Dann will ich Sie nicht weiter aufhalten«, erwidert Luise mit einem Blick auf das heulende Mädchen. Sie schlägt die Tür hinter sich zu und lehnt sich draußen an die Wand.

Alles vorbei für heute. Kein Bertram. Nur Anna Sander suchen und nach Haus bringen. Irgendwie. In welchem Zustand auch immer.

Luise läuft wieder. Die Kälte beißt. Und Wut und Scham beißen auch. Der Abend schmeckt bitter wie der Rauch aus den Schornsteinen. Keine makronensüßen Küsse.

Auf zum »Hammelkopf«.

Dazu muss sie über die Wilhelmstraße.

Rechts und links alles Hundepolackei, aber die Wilhelmstraße hat sich gemausert. Da haben sie in den letzten Jahren feine Häuser mit Stuckornamenten hingesetzt. Auslagen in den Geschäften, Seide, Spitzen, Juwelen. Hier mal aufkreuzen als Madame, am Arm von Bertram, in einem Hut mit Schleier und 'nem warmen Muff aus Otterfell, und nach Herzenslust einkaufen …

13

Sie will über den Fahrdamm, aber das geht nicht. In Oper und Schauspielhaus fangen die Vorstellungen an, und dicht an dicht rollen die Kutschen an ihr vorüber, prächtige Gespanne mit Passpferden, Lampen am Kutschbock aus Kristall, und die Kerle auf dem Bock mit Zylinder, langem Überrock und Stiefeln und Peitsche.

Da fahren sie hin, die Reichen, die Glücklichen.

Sie steht am Straßenrand. Lasst mich durch, ihr Goldkäfer!, befiehlt sie innerlich! Ich hab's eilig! Lasst mich vorbei, ihr feinen Pinkel!

Vor den Nüstern der Pferde stehen Nebelwölkchen. Eine Kalesche nach der anderen. Endlich zwischen dem Vierergespann mit den Rappen und dem Rotfuchspaar ein größerer Abstand.

Sie rennt los, ohne nach rechts oder links zu gucken, hört den Kutscher fluchen, der seine Tiere zügeln muss, springt aufs Trottoir.

Die lange Peitschenschnur legt sich ihr über Rücken und Schulter, und der Schmitz, die zierliche Lederschleife am Ende, berührt ihre Wange. Das ist nicht voll draufgehauen, eigentlich nur spielerisch. Ein feiner, kurzer, brennender Schmerz.

Wenn der Vater vom Bier kommt, gereizt, boshaft, zu Krakeel aufgelegt, aber keinen Grund dafür findet, steht er hinter seiner Frau am Waschtrog, kitzelt sie am Hals und sagt durch die Zähne: »Na, Anna, willste eene jeklebt kriegen?« Und dann schnippst er seine Finger gegen ihre Wangenknochen oder gegen ihre Lippen, und die Mutter legt die Hand auf die getroffene Stelle, während er lacht.

So ein Schnipser war das eben auch. Bloß, dass ihr wegen so was nicht die Tränen kommen. Im Gegenteil. Es bringt sie richtig auf Trab. Genug geheult für heute!

Überm Wasser des Weidengrabens liegt ein leichter Nebel, und es riecht nach dem Schnee, der bald kommt.

Der »Hammelkopf« ist ein altes Bootshaus direkt am Wasser, eine Bruchbude auf Pfählen. Das Dach rutscht in sich zusammen und die Regenrinne hängt seitlich herunter. Moos wächst an den Sparren. Keiner weiß, woher der Name »Hammelkopf« kommt. Jedenfalls steht über der Tür *Restauration H. Uhlmann.*

Vielleicht findet sie die Mutter hier.

Im »Hammelkopf« ist hin und wieder mal eine Frau, ohne dass sie gleich auf Männerfang aus sein muss. Die Arbeiterinnen von der Spinnerei an der Ecke kommen und die Weiber, die morgens die Straße fegen und den Müll aus den Gruben wegschaffen.

Die Tür ist offen. Licht, Qualm und Stimmenlärm dringen nach draußen. Und da steht eine Gruppe angeheiterter Kerle. An denen muss sie vorbei.

Männer in Gruppen mag Luise nicht. Und schon gar nicht, wenn sie im Tran sind.

Sie geht schnellen Schrittes auf sie los. Bloß nicht zeigen, dass man Angst hat. Stante pede rein zur Tür.

»He, Juste, Jette, Minna oder wie de heeßt! Komm doch bei uns bei, Mäuseken!« Eine Hand grabscht nach ihrem Hintern, ein bärtiges Gesicht mit Schnapsfahne nähert sich ihrem.

Luise weiß: Kraft ist nicht so wichtig. Man muss bloß schnell sein.

Sie duckt sich, zieht den Kopf ein und rammt ihn dem Betrunkenen unter das Kinn, dass seine Kiefer klappen. So, das wäre erledigt.

Ein paar Männer in den blauen Blusen der Bauarbeiter prosten ihr zu und applaudieren. »Fein jemacht, Meechen!«

15

Der Raum ist rappelvoll. Sie kneift die Augen zu, um in dem Rauch was zu erkennen, drängelt sich durch zum Tresen. Von dort aus mustert sie die Spelunke.

An den Tischen sitzen sie dicht an dicht, grölen, streiten, singen, schunkeln oder stieren vor sich hin. Frauen? Hinten ein paar Nutten, die Pause machen, junge Frauen mit aufgeknöpften Taillen, unter denen sich die Brüste im Hemd abzeichnen, große Schleifen im Haar, die Röcke geschürzt. Sie kreischen und trinken Likör. Eine Olle will gerade ihren Mann nach Haus holen, und seine Kumpane amüsieren sich über sie. Dann am Tresen zwei große, grobknochige Mädchen in Drillichkleidern, die wild nach Schweiß und Abfall riechen. Welche von der Putz- und Räumkolonne. Sicher steht ihr kleiner zweirädriger Karren mit den Stangen und den Kübeln draußen vor der Tür. Die Mädchen trinken Anisette.

Keine Anna Sander.

Luise spricht die mürrische Wirtin an, beschreibt die Mutter. Aber die zuckt die Achseln. »Da hätt ick ja viel zu tun, wenn ick mir jede Suffnudel merken würde, die hier antanzt. Bestell wat, Meechen, oder zieh Leine.«

Jemand tippt ihr auf die Schulter, und sie fährt herum. Ein Mann ohne Bart. Der einzige Rasierte hier. Ein Mann mit einem bunten Halstuch statt einem Stehkragen. Feine Tuchjacke. Sorgfältig gescheiteltes Haar. Dunkle Augen, die sie dreist anstarren. Einer, der nicht hierher passt. Vorsicht!

»Fassen Sie mich nicht an!«, zischt sie. »Was soll das?«

»Nur nicht so kratzbürstig!«, sagt er lächelnd. »Vielleicht kann ich behilflich sein?«

»Sie? Nicht, dass ich wüsste!«

»Ich hab gehört, Sie suchen jemanden? Große Frau, braunes Umschlagtuch, Kapotthut mit schwarzem Band?«

Luise nickt.

»Sie hat einen gebeugten Rücken, aufgesprungene Hände. Zieht die Schultern nach vorn. Auf ihrer Schürze ist ein karierter Flicken, und an der Jacke sind die Ellenbogen durchgescheuert und gestopft. Richtig?«

»Richtig«, sagt Luise verblüfft. Er beschreibt die Mutter mit einer Genauigkeit, als wenn er ein Kriminaler wäre. »War sie hier?«

»Vielleicht vor 'ner halben Stunde. Hat vom Tresen gekauft. Das weiß die Frau Wirtin ganz genau. Sie ist bloß unfreundlich.«

»Kümmern Sie sich um Ihren Dreck«, knurrt die vom Gläserspülen und wirft einen schiefen Blick. Der Mann schmunzelt.

»Ist das Ihre Mutter, mein Fräulein? Ein Jammer. So ein hübsches Kind muss nachts durch die Spelunken ziehen, um die Mutter zu suchen ...«

»Das geht Sie nichts an.«

»Ich will Ihnen nur helfen!«

»Na fein«, sagt sie, unfreundlicher, als es vielleicht nötig ist. »Wenn Sie auf alles so genau draufkieken, dann wissen Sie ja auch bestimmt, was sie gekauft hat.«

»Ja«, wiederholt er spöttisch ihre Worte. »Ich kiek auf alles genau drauf. Darum weiß ich, dass sie mit zwei Quart Kümmel losgezogen ist, Richtung Kanal.«

Luise ist kalt vor Entsetzen.

Zwei Quart! Ein halber Liter. Da sind die Einnahmen des Tages hin, und wahrscheinlich noch mehr. Das Wechselgeld, das sie zum Rausgeben mithatte. Und der Nähkurs für nächsten Monat ist noch nicht bezahlt! Von allem anderen mal ganz zu schweigen.

Sie boxt sich durch die dicht gedrängt herumstehenden Suffköppe und achtet nicht darauf, was der komische Kerl da

ihr noch nachruft. Sie muss die Mutter finden! Mit zwei
Quart Kümmel im Leib, da fällt man möglicherweise auch
noch ins Wasser.

Luise füllt ihre Lungen mit Luft. Nach dem Mief da drin tut
sogar die Kälte gut. Sie steht am Graben, presst die Hände
ums Geländer der Brücke. Das Wasser ist ihr unheimlich bis
zum Gehtnichtmehr. Aber das hilft alles nichts. Sie muss da
unten suchen. Sie rafft ihren Rock und tastet sich die hölzernen Stufen zum Wasser runter. Schwärze und Kälte. Ein paar
Enten. Das die das aushalten!

Sie rennt am Kai entlang, hält Ausschau. Auf der anderen
Seite flackert ein trübes Feuer. Ein paar Penner haben Bruch-
holz gesammelt oder ein paar Kisten geklaut und wärmen
sich. Einer hat eine Jacke davor gehängt. Klar, Landstreicherei
und Feueranzünden ist verboten. Aber Luise sieht, die Mutter
ist nicht dabei. Außerdem trinkt sie immer allein.

Weiter also. Luise fröstelt, nicht nur von der Kälte.

Sie hört die Schritte hinter sich erst im letzten Augenblick.
Eine große Hand legt sich über ihren Mund, ihr Kopf wird
nach hinten gebogen, die andere Hand schiebt ihren Rock
hoch und versucht, sich einen Weg zwischen den Bündchen
ihrer Unterhose und den Strümpfen zu bahnen. Luise riecht
den Schnaps. Vielleicht der Mann von der Fuselbude, dem sie
das Kinn gestaucht hat!

Schreien kann sie nicht. Sie windet sich, versucht, in die
Hand über ihrem Mund zu beißen. Vergebens.

»So Mäuseken, jetzt biste jeliefert!«, stöhnt es über ihr. Die
Beine rutschen ihr weg, sie geht zu Boden. Kurz bekommt sie
den Mund frei, schreit gellend. Sie sind ganz nah am Kanal.
Vor Angst bäumt sie sich verzweifelt auf, kommt los. Der Kerl

ist zu blau, um schnell zu sein. Luise rappelt sich hoch, stolpert, läuft, schreit.

Und läuft in ein paar andere Arme. Sie trommelt mit den Fäusten gegen eine Brust, merkt, dass da kein Widerstand geleistet wird, hört über sich ein Lachen, spöttisch, weich wie Samt.

Sie taumelt gegen die Wand eines Speichers. Bloß weg von diesem Wasser. Weg von den Kerlen. Zittrig versucht sie, ihre Kleider zu ordnen, hört wie durch einen Nebel die Stimme des Fremden, jetzt ganz scharf, ganz überlegen, ganz Herr. Der bürstet diesen Suffkopp ab, dass es nur so seine Art hat. Polizei, hört sie raus, Gefängnis, Landstreicher, während sie versucht, ihren Zopf wieder hochzustecken, und gegen ein wütendes Schluchzen ankämpft. Noch schlimmer kann es eigentlich nun nicht mehr kommen.

Der feine Pinkel. Kann der sie immer noch nicht in Ruhe lassen? Gut, er hat sie vor diesem besoffenen Dreckskerl gerettet. Aber vielleicht hätte sie es ja auch allein geschafft. Warum ist er ihr überhaupt nachgegangen?

Da steht er nun vor ihr und guckt sie an. Als ob er etwas kaufen wollte.

»Danke für Ihre Hilfe«, sagt sie. »Es geht schon.«

Er hört ihr gar nicht zu. »Blond, schlank, gut gewachsen. Und diese Visage – Honig und Sahne!«

»Was faseln Sie da?«

Er macht ihr Angst. Am liebsten würde sie wegrennen.

»Fräulein, ich bin Ihr Freund. Darf ich einen Vorschlag machen? Ich will Ihnen helfen, Ihre Mutter zu suchen, und bring sie sogar mit der Droschke nach Haus. Aber alles hat seinen Preis. In dieser bösen Welt ist nichts umsonst.« Wieder dies mokante Lächeln. Luise meint, zu verstehen. Daher weht der Wind!

»Geld hab ich keins. Und andere Sachen laufen nicht bei mir.«

»Seh ich so aus, als würde ich mit Fleisch handeln?«

»Ich hab keine Lust, Sie anzugucken.«

»Ich dafür umso mehr, was dich angeht.« Auf einmal ist er beim Du.

»Hauen Sie ab!«

»Nun mal nicht so wild«, sagt er, ohne sich vom Ort zu bewegen »Ich schlag dir einen Handel vor, der hat nichts Unanständiges. Keiner wird dich anfassen, das kann ich dir versprechen. Und für dich springt mehr dabei raus, als wenn du das machen würdest, was du dir offenbar gerade vorgestellt hast.«

»So was gibt's nicht«, sagt Luise ungläubig.

»So was gibt's«, erwidert er und lacht wieder. »Aber erst mal sollten wir deine Mutter finden.«

Anna Sander, eine ordentliche, fleißige Person. Steht von früh bis spät an ihrem Waschfass. Hat vier Kinder großgezogen und schmeißt sich manchmal dazwischen, wenn der Vater seinen Krückstock zu heftig über ihnen schwingt. Bewahrt in der Tasse mit dem Sprung hinten im Küchenspind meist noch 'nen Sechser auf, nicht für sich, sondern wenn mal wieder kein Geld für Brot im Haus ist. Lässt beim Kaufmann anschreiben, und der weiß, dass sie bezahlen wird.

Aber hin und wieder ist Anna Sander leider sturzbetrunken, wie jetzt.

Die ganze Droschke stinkt nach Fusel.

Immer, wenn sie an einer Gaslaterne vorbeikommen, fällt ein Lichtstreifen rein. Beleuchtet das blasse Gesicht Annas, ihre geschlossenen Augen, die grauen Haarsträhnen, die unter der Kapotte hervorquellen. Beleuchtet diesen Mann im weichen Tuchmantel mit Pelzkragen, Hut schräg über der Stirn, der Mutter und Tochter mustert – unverschämt, direkt, spöttisch und irgendwie gierig. Luise schämt sich unter diesen Blicken, und sie ist wütend. Ein Maler ist er, hat er gesagt. Was will er denn malen? Ihr Elend?

Bring uns nach Haus und dann scher dich zum Teufel!, denkt sie. Geredet wird nicht auf dieser Fahrt.

Die Kutsche hält an. Luise späht nach draußen. Angekommen. Sie schaut hoch zu der reich verzierten Stuckfassade des Vorderhauses. In der Beletage, wo die Familie ihres Liebsten wohnt, ist alles hell erleuchtet. Trotz der Novemberkälte stehen die hohen Fensterflügel offen. Stimmengewirr, Gelächter, jemand singt zu Klavierbegleitung. Bestimmt Bertrams Schwester. Die Glücksmanns geben eine Soiree.

Das fehlt gerade noch. Dass Anna Sander in diesem Zustand gesehen wird. Die versoffene Frau vom Hausmeister. Ist das nicht die, deren Tochter hoch hinaus will? Die kleine Blonde, die sogar zur Tanzstunde geht?

Jetzt bloß schnell. »Warten Sie hier. Ich wecke meine Schwestern«, sagt Luise hastig und springt aus dem Wagen. Ob Bertram auch da drin feiert? Oder sitzt er noch im Kontor der Fourragehandlung und wartet auf sie?

Luise drückt den schweren Torflügel auf, rennt durch den Flur mit den grünen, lilienverzierten Kacheln. Erster Hinterhof. Zweiter Hinterhof. Müllkuhle, Klo außen im Seitentrakt. Souterrain, Kellerwohnung. Da ist sie zu Haus. Luise Sander, älteste von vier Töchtern. Und hier wird sie nicht bleiben. Nicht ums Verrecken. Das weiß sie in diesem Moment wieder einmal so sicher wie nichts auf der Welt.

In der Küche, die man als Erstes betritt, leuchtet nur der trübe Schein des Herds, auf dem noch ein großer Eisentopf mit Kochwäsche steht, die heiße Lauge stinkt. Luise zündet die Petroleumlampe an. Gott sei Dank, kein Vater. Der sitzt in der Kneipe. *Der* darf saufen. Er ist ja ein Mann.

In der Schlafkammer ist es dunkel. Die Schwestern haben sich einfach aufs Ohr gelegt. Egal, was mit der Mutter ist. Luise wird's schon hinbiegen. Wütend reißt sie ihnen die Bettdecken weg.

»Raus mit euch, ihr faulen Hühner, oder ich mach euch Beine! Hedwig, füll 'ne Wärmflasche auf und stell den Eimer ans Bett, falls Mutter schlecht wird. Agnes, zieh dir was über, du kommst mit. Du musst mir tragen helfen. Lina – ach, die ist sowieso zu nichts nütze!«

Die kleine Lina hat sich tief ins Bettzeug vergraben und markiert die Schlafende.

Die Schwestern stehen gähnend in ihren Bettjacken, die Haare offen und wirr, zwei Schlafmützen, die Luise rasend machen können in ihrer Trägheit. Sie packt Agnes am Arm, um sie mit sich zu ziehen. Und da steht er auf der Schwelle, der Fremde.

»Ich hab gesagt, Sie sollen warten!«

Er lächelt.

Traut sich zu lächeln angesichts dessen, was er hier sieht: Luise zwischen den beiden schlampigen unhübschen Mädchen, die eine dürr und knochig, die andere rothaarig und zu üppig für ihr Alter, und diese Küche mit der Waschbalje und den stinkenden Eimern und Fässern voller Lauge und Schmutzwasser, dem angeschlagenen Mobiliar, den kreuz und quer durch den Raum gespannten Leinen voller Wäsche. Sie möchte in die Erde versinken.

Indessen kommt auch noch der Kutscher. Mit schweren Schritten, seine genagelten Stiefel scheinen Funken aus dem Pflaster des Hofs zu schlagen. Hat Anna Sander über der

Schulter wie einen Mehlsack. Die Bänder des Kapotthuts und ihre Haarzotteln baumeln herunter. Sie stöhnt leise.

»Wohin?«, fragt er grimmig.

Luise nimmt die Lampe und leuchtet voraus in die Kammer. Als Anna auf dem Bett liegt, sieht Luise, dass aus ihren geschlossenen Augen Tränen laufen. Sie ballt die Fäuste vor Mitleid und ohnmächtigem Zorn.

»Kümmert euch!«, herrscht sie die Schwestern an. »Und Sie, haben Sie sich nun satt geglotzt?«

»Ich glotze mich nie satt«, antwortet er ungerührt. »Das ist meine Berufskrankheit. Und an der kannst du profitieren. Ich hab dir's ja erzählt, wie. Wiedersehn, Luise, und vergiss unsere Verabredung nicht.«

Er wendet sich zum Gehen.

»Wat is 'n det für 'n feiner Onkel?«, fragt Agnes. »Und wat für 'ne Verabredung?«

»Das geht dich gar nichts an. Hilf Hedwig, Muttern auszuziehen.«

»Und du?«

Luise hat plötzlich eine Idee. »Ich muss noch mal weg«, sagt sie knapp.

In der Toreinfahrt holt sie die Männer ein.

»Kann ich die Droschke haben? Ich muss noch mal weg«, sagt sie entschlossen.

Der Mann lacht auf. »Na, du verstehst dich ja auf deinen Vorteil. Also gut. Erzählst du mir am Montag, wenn du zu mir kommst, wo du hingefahren bist?«

»Nein«, sagt sie. »Aber bezahlen Sie den Kutscher für mich?«

»Das Wort Bitte könnte nicht schaden«, sagt er grinsend, aber er zieht seine Geldbörse. Luise nennt die Adresse und steigt ein.

Es riecht immer noch nach Schnaps. Während die Droschke anruckt, zieht sie die Visitenkarte hervor, die ihr der Mann gegeben hat.

Prof. Otto Markwart liest sie. Und eine Adresse in NO. Nicht unbedingt eine feine Gegend. Aber ein Professor. Sieh mal an.

Als sie aus der Droschke springt, beginnt es leicht zu schneien. Danach hat die Luft schon den ganzen Tag geschmeckt.

Die Glücksmann'sche Futtermittel- und Fourragehandlung besteht aus einem großen Hof, dessen Querseiten von Stallungen begrenzt sind, und geradezu ist das Verkaufsgebäude mit dem Speicher und dem Futterboden.

Luises Herz klopft bis zum Hals. Im Kontor brennt noch Licht! Und Bertrams Hunde, die großen sandfarbenen Collierüden, sind nicht im Zwinger. Begrüßen sie mit leisem Winseln am Tor. Er ist noch da! Er hat auf sie gewartet!

Auf einmal kommt ihr zu Bewusstsein, wie sie aussieht – das Haar in Unordnung, Stiefel und Rocksaum dreckbespritzt von den Wegen, die sie gegangen ist. Und auf einmal spürt sie die Schmerzen in ihren kalten Füßen, den Frost, der ihr in den Knochen sitzt, die Müdigkeit. Scham und Zorn der letzten Stunden werden zu Traurigkeit. Vielleicht war es falsch, noch herzukommen. Das ist nicht die Stimmung, in der man zu seinem Liebsten geht.

Die Hunde umspringen sie mit freudigem Gebell. Die Tür des Kontors geht auf. Bertrams schmale Silhouette. »Wer ist da?«, fragt er ins Dunkel.

»Ich bin's noch«, sagt sie halblaut. Die Erwartung steigt in ihr auf wie eine große warme Welle, die alles wegwäscht, was sie bedrückt.

Er fragt nichts, sagt nichts. Ist mit zwei großen Sprüngen bei ihr, packt sie, zieht sie ins Innere und verriegelt die Tür. Drückt sie mit den Schultern dagegen und beginnt, sie zu küssen, wild und fordernd. Beißt sie in die Lippe, schiebt seine Zunge zwischen ihre Zähne. Drängt seinen Körper gegen sie.

Luise steht und schlingt die Arme um ihn. Und jetzt, wo sie endlich bei ihm ist und im Warmen, fängt sie auf einmal an zu zittern, als wenn sie der Schneewind des Abends bis hierher verfolgt hätte.

»Halt mich richtig fest, Bertram«, murmelt sie zwischen zwei Küssen. »Halt mich bloß richtig fest.«

Es ist still. Es ist warm. In dem kleinen Kanonenofen mit den rot glühenden Wangen knacken die Holzscheite. Die Hunde winseln draußen. Wären wohl auch gern hier.

»Wo kommst du jetzt erst her?«, fragt Bertram atemlos. »Ich hab mir große Sorgen gemacht und bin vor Sehnsucht fast gestorben.«

Ohne sie aus dem Arm zu lassen, langt er zum Tisch und schraubt die Petroleumlampe herunter. Nun ist es fast dämmrig. Bertram schiebt ein Bein zwischen die Beine von Luise und bugsiert sie hinüber zu dem großen lederbezogenen Ohrensessel in der Nähe des Ofens, in dem sein Vater sich zwischen der Arbeit bisweilen ausruht (wenn er denn im Kontor ist) und in dem der Buchhalter übernachtet, wenn er Bilanz machen muss. Bertram hat Übung darin, Luise so in den Sessel zu bringen. Das gehört zu den Spielregeln. Der Sessel ist ihr Liebesnest, und Bertram platziert sie so, dass sie sich nicht wehren kann, selbst wenn sie wollte.

»Ich musste mal wieder Mutter nach Haus bringen«, sagt Luise und dann: »Lass mal 'n Moment. Meine Füße sind wie Eis. Ich will die Schuhe ausziehen.«

Bertram kniet schon vor ihr. »Das mach ich«, murmelt er und beginnt geschickt, die Schnürbänder aus den Ösen zu ziehen. Im flackernden Licht des Ofens wirkt sein dunkellockiger, runder Kopf mit der bräunlichen Haut und den hohen Backenknochen fremdartig, südlich. Indianer, denkt Luise und streicht ihm übers Haar. Und er indessen sagt: »War sie mal wieder voll, deine …«

Eine kräftig geschlagene Ohrfeige lässt ihn verstummen.

»Komm mir bloß nicht so, Bertram Glücksmann!«, faucht Luise. »Meine Mutter kriegt einmal alle halbe Jahre ihren Rappel, und das ist schlimm genug. Aber dein Herr Papa hat schon morgens um elf so viel Schampus gesüffelt, dass er sich auf den Hausdiener stützen muss, wenn er ausgeht. Wir haben keinen Hausdiener. Und Kümmel dunt auch schneller.«

Bertram sagt nichts. Er löst weiter Luises Schuhbänder, zieht ihr die Strümpfe aus, beginnt vorsichtig, ihre Füße zu kneten. Luise stöhnt leise. Bertram führt erst den einen, dann den anderen Fuß an seinen Mund, haucht darauf, küsst und benagt ihre Zehen, bis die Eiseskälte gewichen ist. Dann führt er seine Hände langsam an ihren Beinen hoch bis über die Knie.

Luise hat die Augen geschlossen und bewegt die Zehen in Bertrams Schoß, wie eine Katze ihre Krallen beim Streicheln.

Bertram atmet laut und stoßweise. Er will eine Hand unter ihre Hose schieben, aber da sind sofort Luises Finger außen auf dem Rock, die ihn festhalten und energisch zurückschieben. Sie lacht. »Hände weg«, sagt sie sanft, ohne die Augen aufzumachen. »Nicht weiter als bis übers Knie.«

Jedes Mal der gleiche Kampf. Das Spiel bis zu einem Punkt, der Abbruch. Luise ist ein anständiges Mädchen. Wunderbar. Aber nervenaufreibend für einen jungen Mann mit Wünschen.

»Luise!«, murmelt er beschwörend. »Nur streicheln!«

Sie zieht ihre Füße hoch unter ihren Rock. »Lieber bisschen knutschen.«

»Dann muss ich aber in den Sessel und du auf meinen Schoß.«

Der nächste Abschnitt des Liebeskampfes, wie immer. Er möchte, dass sie sich rittlings auf ihn setzt. Sie will seitlich sitzen. Sie kabbeln sich, Luise *gewinnt*. Erhitzt und mit verschobenen Kleidern kuschelt sie sich an ihn. Sie küssen sich. Zart erst, dann immer wilder. Der nächste Punkt. Bertrams Lippen wandern zu ihrem Hals, er knöpft an ihrer Bluse herum, streift das Mieder von der Schulter, berührt und küsst ihre Brüste, bis sie seinen Kopf von sich fortschiebt.

»So. Genug.«

»Luise! Warum?«

»Weil ich Luise bin und du Bertram Glücksmann. Und weil wir keine Dummheiten machen werden. Einer von uns muss aufpassen, und das bin nun mal ich.«

Sie bringt ihre Sachen in Ordnung.

»Du bist kälter als Eis.«

»Überhaupt nicht. Ich schmelze weg wie nichts. Darum ja.« – Bertrams Lippen sind wieder auf ihrem Hals. »Nein, lass, nicht schon wieder! Du, ich fürchte, ich muss nach Haus.«

»Das soll alles gewesen sein? Ich hab so lange auf dich gewartet heute!«

»Du wirst noch ein bisschen länger warten müssen auf mich«, sagt sie zärtlich. »Wir sehen uns wieder bei der Tanzstunde. Da kannst du mich immerhin beim Wiener Walzer im Arm halten.«

»Vor all den Leuten! Was ist das schon.«

»Nimmersatt.«

»Und Luise: der Abschlussball …«

»Hör auf damit!«

»Luise!«

»Begreif doch endlich. Ich geh nicht zu dem Ball. Ich habe kein Kleid.«

»Ich kann dir doch eins besorgen.«

»Woher denn? Von deiner Schwester ausgeliehen? Die wird ja Augen machen, wenn sie mich damit sieht.«

»Ich könnte dir ein Kleid schenken, Luise.«

»Wo willst du das Geld hernehmen?«

»Das findet sich schon«, sagt er.

»Findet sich? Komisch. Bei uns findet sich nie Geld. Und davon abgesehen: Ich nehme keine Geschenke von dir. Keine großen Geschenke. Also sagen wir mal, wenn ich das Kleid hätte, dann dürftest du mir die Handschuhe dazu schenken.«

Sie hat sich in Hitze geredet. Steht vor ihm und befestigt mit schnellen, heftigen Bewegungen ihr aufgelöstes Haar zu einem Knoten. Bertram beobachtet Luise. Sie ist so hübsch!, denkt er. Und so schnippisch. Eine richtige Hexe.

»Warum bist du so störrisch?«

»Bin ich das?« Sie sieht ihn an, ihre Lippen zittern, und plötzlich stürzen ihr die Tränen aus den Augen. »Quäl mich doch nicht, Bertram! Ich wollte nichts lieber auf der Welt, als deine Tanzstundendame sein. Und ich wollte nichts lieber, als mit dir schmusen ohne Ende, ohne Rücksicht auf das, was anständig ist. Denkst du, mir macht das Spaß, dir Nein zu sagen? Ich hab dich lieb! Aber arme Mädchen wie ich können sich bestimmte Sachen nicht leisten. Keine Ballkleider. Und vor der Hochzeit keine bestimmten Sachen. Ist das klar?«

Er hat sie in den Arm genommen, streichelt verlegen ihren Rücken. Sie schluchzt an seinem Hals. Löst sich dann. Trocknet die Augen.

»So. Nun fühl ich mich wohler. Nun bringst du mich nach Haus, also bis zur Ecke, damit uns keiner zusammen sieht. Liebe Zeit, war das ein Tag heute! Ich bin so froh, dass ich dich habe, Bertram.«

»Und ich erst, dass es dich gibt!«

Sie ziehen sich an und treten vor die Tür. Bertram schließt die Hunde in ihren Verschlag. Er reibt sich die Hände. Die Kälte hat zugenommen. Schützend legt er den Arm um sein bibberndes Mädchen.

»Ist das nicht 'ne verrückte Welt, Luiseken? Da wohnen wir beide im gleichen Haus und müssen so tun, als wenn wir uns fremd wären, und ich komm dir von der Ecke ab nachgelatscht, damit uns ja keiner zusammen sieht ...«

»Klar ist das 'ne verrückte Welt. Das liegt daran, dass du Beletage bist und ich Hinterhof. Gleiches Haus schon. Aber wo in dem Haus man wohnt ...«

»Werden ja mal bessere Zeiten kommen. Wenn du erst Madame Glücksmann bist.«

»Hoffentlich hat jetzt der liebe Gott zugehört, Bertram.«

Eng umschlungen gehen sie durch die nächtlichen Straßen der Stadt, die einzigen Passanten um diese Zeit und in dieser Gegend, immer vom Lichtkegel einer Gaslaterne in den anderen. Ein paar Schneeflocken fallen, das glitzert auf Luises bloßem Haar.

»Was für 'n schönes Mädchen du bist, mein Schatz. Weißt du, wie verliebt ich bin in dich?«

»Ich denke schon«, sagt sie. Sie müssen erst mal stehen bleiben, um sich zu küssen.

Von dem Fremden hat Luise nichts erzählt.

2. Heimlichkeiten

»Wer ist sie?«

Mist. Sie hat in der Diele auf ihn gelauert.

Bertrams Mutter trägt bereits ein Hauskleid und hat die Haare für die Nacht zurechtmachen lassen – eingedreht und Haarnetz drüber. Die Soiree ist zu Ende, jedenfalls der offizielle Teil. Die Damen haben sich verabschiedet. Natürlich sind die Herren noch da. Spielzimmer und Herrenzimmer sind hell erleuchtet, das hat Bertram schon von unten gesehen. Es hätte alles so laufen können, wie er es sich vorgestellt hat, denn am Spieltisch hat der Vater für nichts anderes mehr Augen und Ohren.

Aber nun steht sie da, ohne Korsett, ohne Taille, und in der Hand eine Schale mit Konfekt.

»Du solltest nicht so viel essen, Finette! Deine Figur!«

»Nenn mich nicht immer Finette. Red mich gefälligst mit Respekt an.«

»Ja, Mama. Entschuldige. Warst du wieder nicht bei der Soiree?«

»Ich war bei der Tafel dabei. Aber du sollst mich nicht ausfragen, das gehört sich nicht. Ich habe dich was gefragt. Wer ist sie?«

»Ich weiß überhaupt nicht, wovon du sprichst.«

Finette schnaubt durch die Nase. »Die Glücksmann-Männer können alle lügen, ohne rot zu werden. Komm in mein Boudoir. Der Rauch aus dem Herrenzimmer macht mir Kopfweh.«

Sie geht voraus, ohne sich nach ihm umzusehen. Ihr Gang ist beschwerlich. Finette war einmal eine schöne Frau. Nun isst sie von früh bis spät.

»Also«, sagt sie und lässt sich in einen Sessel fallen. »Zum dritten Mal: Wer ist sie?«

»Mutter! Ich war in der Fourragehandlung und habe meine Hunde trainiert. Danach habe ich mit meinen Elektrosachen experimentiert. Du weißt doch, dass Vater es zu Haus nicht duldet.«

Finette Glücksmann wählt eine Praline aus der Schale. Sie schält sie aus dem Silberpapier, faltet es sorgfältig und legt es in die Schale zurück. So will sie sich selbst kontrollieren. Aber es nützt nichts. Es liegen schon viele Silberpapierchen in dem Gefäß. Ärgerlich sieht Bertram ihr zu, wie sie mit hingebungsvoll geschlossenen Augen die Süßigkeit genießt. »Kann ich jetzt gehen, Mama? Ich bin müde.«

Finette lacht kurz. »Du bist die Unschuld selbst, nicht wahr? Aber ich will nicht zulassen, dass du ein Mädchen unglücklich machst.«

»Aber Mama! Wenn überhaupt, dann denke ich doch, dass ich es glücklich mache, das Mädchen.«

»Ach, du bist genauso frivol wie dein Vater. Sieh mich an! Sieh, was dabei herauskommt!«

»Bist du denn unglücklich, Finette?«, fragt der Sohn, und der Spott in seiner Stimme ist unüberhörbar.

Die Mutter hebt die Lider. Ihre dunklen, mandelförmigen Augen, immer noch schön in dem verfetteten Gesicht, sind anklagend.

»Was ist für dich Glück? Seit wir hier wohnen, bin ich die rechtmäßige Ehefrau deines Vaters, bin ich Madame Glücksmann. Aber du sagst Finette zu mir. Finette, das Nähmädchen. Und in der Gesellschaft bin und bleibe ich ein Nichts. Heute nach dem Essen habe ich versucht, die Frau Rittmeister von Drennsal anzusprechen. Nur eine Freundlichkeit über ihr Kleid. Sie hat nicht geruht, mir zu antworten. Hat mich geschnitten. Finette aus dem Dienstbotentrakt, die dem Herrn Glücksmann zwei uneheliche Kinder geboren hat. Das bin und bleibe ich. Das soll Glück sein? Nun, ich möchte es einer anderen ersparen.«

Bertram zuckt die Achseln. Die Klagen seiner Mutter, das Gejammer über die fehlende gesellschaftliche Anerkennung! Peinlich. »Ist das denn so wichtig, wenn man sich liebt?«, fragt er. »Abgesehen davon: Ich würde es nicht wie Vater machen. Ich würde gleich heiraten – also, wenn es ein Mädchen gäbe.«

Jetzt wird Finettes Stimme schrill.

»Das fehlte gerade noch. Hier wird nicht wild herumgeheiratet. Dein Vater hat Pläne mit dir! Und erst muss deine Schwester …«

»… unter die Haube«, ergänzt der Sohn. »Ja, ich weiß. Und ich weiß auch, dass das nicht so einfach ist, weil sie ja die Tochter der Näherin Finette ist. Mama! Nimm es mir nicht übel. Ich kenne diese Predigt. Und jetzt bin ich müde. Gute Nacht.«

Er beugt sich zu ihr herab und küsst sie auf die Stirn, atmet den Haarwasser- und Schokoladengeruch ein und denkt an den sanften Vanilleduft seiner Luise.

»Du bist so arrogant wie dein Vater!«, ruft Finette.

Er antwortet nicht, verlässt sie. Sie geht ihm auf die Nerven. Außerdem hat er noch etwas vor.

Die Tür zum Arbeitszimmer des Vaters steht offen, wie erwartet. Und wie erwartet ist auch der Schreibtisch offen. Darauf brennt die Petroleumlampe, die vom Großvater stammt und deshalb in Ehren gehalten wird – die ganze Etage hat im Übrigen die moderne Gasbeleuchtung.

Bertram späht noch einmal den Korridor entlang. Die Luft ist rein.

Das Geheimfach im Schreibtisch lässt sich durch einen Knopf öffnen. Bertram weiß, wo er angebracht ist. Und da liegt es alles. Depositen, Banknoten, Geldrollen. Wenn der Vater am Spieltisch sitzt, muss er schnell an den Nachschub herankommen. Er ist meistens am Verlieren. Und den Überblick hat er schon gar nicht. Neben den Rollen mit den Talern liegt ein Stapel loser Münzen. Bertram nimmt sich die Hälfte und lässt sie in seine Hosentasche gleiten. Es trifft ja keinen Armen …

Luise! Vielleicht kann er sie doch noch überreden, ein Kleid von ihm anzunehmen, ein Kleid für den Ball. Luise. In seinen Armen auf dem alten Sessel im Kontor, neben dem glühenden Ofen. Luise, warm und weich und duftend. Das ist das Leben. Das ist die Welt. Alles andere wird sich finden.

>»Befiehl du deine Wege
>Und was dein Herze kränkt
>Der allertreusten Pflege
>Des, der die Himmel lenkt …«

»Großartig, Luise! Und nun Strophe sechs.«

Sie überlegt einen Moment, beginnt dann:

>»Hoff, oh du arme Seele
>Hoff und sei unverzagt
>Gott wird dich aus der Höhle …«

»Applaus, Applaus!«, sagt Markwart mit einem Überschwang, den die Sache nicht wert ist. »Ich bewundere deinen Kopf, Luise. Phänomenal, dein Gedächtnis.«

»Hören Sie auf, sich über mich lustig zu machen!« Luises Stimme klingt gereizt. »Und sagen Sie mir, wann ich endlich meine Arme herunternehmen kann. Es tut weh.«

»Ein bisschen musst du noch aushalten. So ein Licht bekomme ich vielleicht den ganzen Winter nicht wieder. Komm, rede irgendetwas. Das lenkt ab. Sag mir noch mehr Choräle auf, oder vielleicht mal eine Schiller'sche Ballade? Ihr müsst doch sicher nicht nur im Religionsunterricht auswendig lernen, sondern auch in Deutsch.« Und da Luise schweigt: »Oder erzähl mir von deiner Familie.«

»Die haben Sie doch schon kennen gelernt«, erwidert Luise grimmig. Sie hält die Arme hinter dem Kopf verschränkt und hat Markwart ihren nackten Rücken zugedreht, den Oberkörper halb nach rechts verdreht. Es ist sehr unbequem, so auf dem Schemel zu sitzen. Der Bund ihres Rocks ist offen, und der Stoff ist ihr bis tief auf die Hüften heruntergerutscht.

»Richtig«, sagt Markwart vergnügt und taucht den Pinsel in ein anderes Segment seiner Palette, während er zurücktritt und die Augen zukneift. »Die Mutter guckt von Zeit zu Zeit ins Glas, die Schwestern sind keine großen Lichter – und was macht der Vater?«

»Hausmeister«, sagt sie widerwillig.

»Und das lastet einen aus?«

»Er ist Invalide«, erklärt Luise. »Die meiste Zeit sitzt er sowieso nur in der Kneipe und schimpft auf Bismarck.«

»Auf Bismarck? Das ist interessant. Gütiger Himmel, ist ihm vielleicht entgangen, dass wir einen neuen Kaiser haben und Bismarck als Reichskanzler entlassen ist?«

»Nee. So ist das Schimpfen ungefährlicher.«

Markwart lacht los. »Du bist mir vielleicht ein Schatz, Luise! Alles beisammen, Witz und Köpfchen und – na, das Übrige. In diesem Licht leuchtet deine Haut wie Seide. Und dieser Schwung der Hüften …«

»Schluss! Eh ich mir das anhöre, sage ich Ihnen lieber alle Balladen von Schiller und Uhland auf, die ich kann, und das große Einmaleins mit der Dreizehn rückwärts. Und außerdem –«

»Und außerdem?«

»Außerdem hatten wir vereinbart, dass Sie nur meinen Rücken malen.«

»Tu ich doch.«

»Da ist der Spiegel. Sie sehen mich die ganze Zeit von vorn!«

»Stimmt. Aber ich *male* nur den Rücken.«

»Sie sind so ein – so ein gemeiner Kerl!«, sagt sie aufgebracht, während sich ihre Augen im Spiegel begegnen, ihre blauen, flammend vor Zorn, und seine dunklen, glänzend, spöttisch und vergnügt. »Auf der Stelle zieh ich mich an. Es gibt doch in Ihrer Akademie genug Mädchen, die so was machen. Lassen Sie mich in Ruhe.«

»Aber ich hab es dir doch erklärt«, sagt er, ohne mit Malen aufzuhören. »Die Mädchen an der Akademie, die machen das meistens schon ein paar Jährchen. Die haben nicht solche Haut und solchen Körper wie du. Und die meisten haben vorher schon was anderes gemacht. Wozu man auch keine Kleider braucht. Da ist der Schmelz der Unschuld weg, den deine bezaubernde Rückenlinie ausdrückt.«

»Nun reicht es aber!« Luise greift nach ihrem Hemd und kann nicht verhindern, dass ihr dabei der Rock noch ein Stückchen tiefer auf die Hüften rutscht. »Ich lasse mich doch nicht von Ihnen verkohlen! Es war ausgemacht, dass ich heute für Sie Modell sitze, nicht, dass Sie sich dabei über mich lustig machen.«

»So, jetzt hast du's verdorben«, sagt er missmutig. »Du hast die Pose abgebrochen.«

»Pose hin, Pose her! So oder so hätte ich es keine Sekunde mehr ausgehalten.«

»Das denken alle beim ersten Mal.«

»Na, bei mir wird es kein zweites Mal geben. Es war ausgemacht: Einmal Modell sitzen als Entlohnung für Ihre Hilfe da am Kanal und für die Droschke. Und das war's.« Sie schlüpft energisch in ihr Leibchen, schließt die Knöpfe.

»Soll ich dir helfen?«

»Unterstehen Sie sich!« Ihre Arme und Hände sind wie abgestorben, und als das Blut in die Gliedmaßen zurückströmt, prickelt es unerträglich.

Er hantiert mit seinen Gerätschaften, wirft schräge Blicke zu ihr hinüber. »Na, nicht neugierig auf das, was auf der Leinwand ist?«

»Kein bisschen!«, entgegnet sie. »Was soll das schon groß sein.«

»Hm. Immerhin bin ich Akademiemitglied und Professor. Ein bisschen Neugier könnte nicht schaden.« Voller Schadenfreude glaubt sie herauszuhören, dass er enttäuscht ist über ihr mangelndes Interesse. Sie zuckt die Achseln. »Ich will weg.«

»Nicht so hastig. Im Nebenzimmer steht ein Kaffee unter der Haube. Den wirst du ja wohl noch mit mir trinken.« –

Hätte sie bloß Nein gesagt! Da sitzt er ihr nun gegenüber, hat den Malerkittel abgelegt und eine Hausjacke aus braunem Samt übergezogen, und jeder seiner Blicke ist ihr peinlich. Jeder scheint zu sagen: Ich kenne dich, wie du unter deinen

Kleidern aussiehst! Es ist zum Davonlaufen. Aber dieser Kaffee – so etwas hat sie noch nicht getrunken. Echter Bohnenkaffee, kein Muckefuck, Sahne in silbernen Kännchen. Und Zucker! Stumm verrührt Luise drei Löffel Zucker in ihrer Tasse. Bei Sanders gibt es so gut wie nie Süßes.

Er lässt sie nicht aus den Augen. Dreist und aufdringlich ist er. Alles, was sie macht, scheint er irgendwie einzustufen, über alles fällt er ein Urteil, das er ausspricht oder auch nicht.

»So«, sagt er, während sie sich fast die Lippen an dem brühheißen Getränk verbrennt. »Nun hast du also mitgekriegt, dass ich tatsächlich nur vorhabe dich zu malen und nicht, dich zu fressen. War's denn so schlimm?«

»Ich bin froh, dass ich es hinter mir habe.«

»Hinter dir?«

Sie schluckt. »Ich hab das gemacht, weil Sie – also, das war eine Erpressung. Mit dem Gefallen, den Sie mir getan hatten. Und weil Sie mir gedroht haben, mir jeden Tag bei Schulschluss vor der Tür aufzulauern! Und nun ist es gut. Aus und vorbei.«

Er lacht. »Heilige Einfalt!«, sagt er und lehnt sich im Sessel zurück. »Meinst du, ich mache ein Bild in einer Sitzung fertig? Das ist kein Scherenschnitt auf dem Rummel. Hier geht's um Kunst.«

Luise setzt ihre Tasse ab. »Wenn Sie meinen, ich komme hier noch mal her, dann haben Sie sich geirrt. Ich bin fast in den Boden gesunken vor Scham, damit Sie's nur wissen. Keine zehn Pferde kriegen mich wieder in dies Atelier!«

»Zehn Pferde würden dich auch schwerlich die fünf Treppen hochbringen«, sagt er ungerührt ironisch. »Aber vielleicht ein anständiges Honorar, wie?«

Sie sagt nichts. Er hat die Hand in die Tasche seines Hausrocks gesteckt und klappert mit dem Geld. Angeber!

»Du bist für mich wirklich was Besonderes, Luise. Was ich über die Mädchen in der Akademie gesagt habe, im Vergleich zu dir, das meine ich ernst. Und ich, meine Liebe, ich bin auch was Besonderes. Für einen Markwart zahlt man nicht schlecht. Und ich zahle auch nicht schlecht.«

Neben ihre Kaffeetasse, auf das damastene Tischtuch, legt er hübsch nebeneinander drei Markstücke.

»Das ist für diese erste Sitzung. Für die folgenden bekommst du die Hälfte.«

Luise öffnet die Lippen, aber sie sagt kein Wort. Sie traut ihren Augen nicht. Drei Mark nur fürs Stillsitzen! Nichts Unmoralisches – so weit es nicht schon unmoralisch ist, sich auszuziehen vor diesem fremden Mann mit den spöttischen, durchdringenden Blicken.

Von drei Mark kann die ganze Familie Sander eine Woche leben, mit zweimal Fleisch auf dem Tisch und sogar mal solch echtem Bohnenkaffee für die Mutter.

Aber das, das wäre ihr Geld. Ihres ganz allein. Geld, von dem keiner weiß. Wenn sie das hier oft genug macht, dann könnte sie sich vielleicht das Kleid kaufen für den Tanzstundenball. Dann könnte sie mit Bertram gehen. Dann müssten die Glücksmanns sie wahrnehmen, Walther Glücksmann müsste einen Ehrentanz bei ihr erbitten, ein paar Worte wechseln … Sie würde es schon einzurichten wissen, dass sie ihm gefällt …

»Nur fürs Sitzen?«, fragt sie befangen. Ihre Stimme klingt klein.

Er nickt und schiebt die Geldstücke mit dem Zeigefinger hin und her, als wären es Mühlesteine.

»Und es passiert nichts anderes als heute?«

»Bestimmt nicht. Außer natürlich, wenn du es unbedingt willst.«

39

Er lacht auf, und ihr schießt die Röte ins Gesicht. »Lassen Sie das! Lassen Sie ihre frechen Sprüche!«, sagt sie heftig. Er grinst sie unbeeindruckt an.

»Wenn ich es machen würde – wie oft würde das sein?«

»Zweimal die Woche. Und bestimmt noch vier Wochen lang. Na?«

Das wäre das Ballkleid. Auf alle Fälle. Welches Mädchen hat schon so eine Gelegenheit? Wenn sie an ihre Schwester Hedwig denkt, die manchmal beim Kaufmann um die Ecke hilft Kartoffeln auszuwiegen und Mehl einzutüten. Oder an die Zeitungsausträgerei der faulen Agnes. Alles für ein paar Pfifferlinge.

»Unter einer Bedingung«, sagt sie. »Es darf niemand erkennen, dass ich das bin auf dem Bild. Sie dürfen mein Gesicht nicht malen.«

»Hab ich auch nicht vor!«, erwidert er. Abgesehen davon, dass ich kaum annehme, dass die Kreise, aus denen meine Kundschaft kommt, Leute sind, die dich kennen … Natürlich weiß ich nicht, wer alles dich schon so gesehen hat, wie ich dich male.«

»Sie sind so unverschämt!«

»Ich spreche die Dinge nur aus. Findest du Heuchelei schön?«

»Ach, lassen Sie mich doch in Frieden!«

»Pass mal auf, Luise, was ich dir jetzt vorschlage. Nimm das ganze Geld hier. Dann ist es ein Vertag. Wenn nicht, dann finde ich, dass zwei Mark auch reichen als Honorar für heute. Brauchst du Bedenkzeit? Du kannst gern noch einen Kaffee trinken und dabei überlegen.«

»Nein«, erwidert sie. Sie nimmt die drei Geldstücke und steckt sie in die Tasche ihres Rockes. Markwart beginnt schallend zu lachen. »Siehst du, das nenne ich ehrlich. Frisch draufzu. Wie sagte doch schon irgend so ein antiker Kaiser: Geld stinkt nicht.«

Luise beißt sich auf die Lippen.

»Das ist billig, die armen Leute auszulachen, bloß weil sie arm sind«, sagt sie.

»Jetzt wirst du auch noch philosophisch. Ich wusste ja, an dir hat man ein echtes Juwel, sowohl als Modell als auch sonst.«

Er bringt sie zur Tür.

»Was ist das da an Ihrem Türpfosten?«, fragt sie misstrauisch. »'n Geheimzeichen?«

»Sag bloß, du hast noch keine *Mesusa* gesehen! Das Heilige Zeichen eines frommen jüdischen Haushalts.«

»Sie können mir doch nicht erzählen, dass dies hier ein frommer jüdischer …«

»Du machst mir wirklich Spaß, Luise. Nein, ist es nicht. Aber zu meinem Einzug hier kam mein Vater vorbei, um das Haus zu heiligen, da konnte ich gar nichts gegen unternehmen.« Er grinst sie spöttisch an. »Auch wenn mein Name urgermanisch klingt: Mein Vater ist Rabbiner in Leitmeritz.«

»Und da malen Sie nackte Weiber?«

Er zuckt die Achseln. »Der Himmel erhalte dir deine Auffassung von Moral, Mamsell Sander. Obwohl ich mit einem etwas freizügigeren Modell durchaus einverstanden wäre!«

Sie ist die fünf Treppen runter, als ob sie da nie wieder hochsteigen will.

Luise hat sich ordentlich frisiert und eine Schleife in den Zopf geflochten. Sie hat einen Augenblick überlegt, ob sie eine Schürze umbinden soll, und es dann gelassen. Sie geht ins Vorderhaus nicht als Hausmeistertochter, sondern als Tanzstundendame von Bertram. Es gibt etwas auszurichten. Ein schöner Vorwand, um sich kurz zu sehen.

Sie hat alles sorgfältig abgepasst. Bertram muss seit einer halben Stunde aus dem Gymnasium zurück sein, denn sie hat die Jungen in den bunten Schülermützen der Oberprima vorhin auf der Straße gesehen. Madame Glücksmann ist mit ihrem Hausmädchen, der Rieke, auf Einkaufsbummel. Rieke redet der Madame nach dem Mund, darum darf sie mit. Das dauert. Die Köchin kommt erst abends, der Hausdiener putzt auf dem Hof Stiefel. Und Bernadette, Bertrams Schwester, die übt Klavier. Das hört man schon in der Tordurchfahrt. Eigentlich kann gar nichts schief gehen. Bertram wird öffnen …

Nun ist sie die Marmorstufen mit dem roten Läufer hochgestiegen und steht vor der schönen Tür mit dem Messingschild. Es ist so gut poliert, dass Luise sich darin sehen kann. Und auf einmal ist ihre Freude weg, und sie steht da und getraut sich nicht, zu klingeln.

Sie kennt diese Wohnung von früher. Als das Haus noch neu war, als die Wände schwitzten und es nach Salpeter und Mörtel roch, da haben die Sanders ein halbes Jahr hier gewohnt, bevor sie dann in ihren Hinterhofkeller zogen. Ein halbes Jahr mietfrei. Als »Trockenwohner«, damit der Putz schneller seine Nässe verlor. Lina ist in dieser Wohnung geboren und Hedwig davor in einer ähnlichen. Deshalb haben sie krumme Beine. Die Knochen werden nicht fest in den feuchten Stuben, so wenig wie in den Kellerbuden. Rachitis.

»Trockenwohner.« Sie erinnert sich an die großen kahlen Räume mit dem Stuck an der Decke, in denen die Schritte hallten, und an den muffigen Geruch, der ihnen den Atem nahm und die Mutter zum Keuchen und Husten brachte. Viel Platz war da. Man konnte den Korridor entlangtoben. Aber das war auch der einzige Vorteil. Die spärlichen Möbel der

Sanders verteilten sich auf die Zimmer, dass es aussah, als sei gar nichts da. Luise ist beklommen zumute. Heute soll sie diese Wohnung wieder betreten …

Entschlossen hebt sie die Hand und bewegt den Ring aus Metall. Es klingelt irgendwo ganz hinten. Die Dienstboten sollen das Läuten schließlich hören und öffnen, nicht die Herrschaften selbst. Bertram, komm!, bittet Luise. Du musst doch merken, dass ich hier stehe.

Das Klavierspiel hat aufgehört. Türen schlagen. Schritte. Aber dann ist es doch Bernadette.

Luise sieht über die Schulter der anderen in die große Diele. Perserteppiche, schmiedeeiserne Deckenlampen. Eine Flurgarderobe mit geschliffenem Kristallspiegel.

»Ja?«, fragt Bernadette und gibt sich keine Mühe, freundlich zu sein. Sie ist gleichaltrig mit Luise, aber kleiner, und sieht ihrem Bruder sehr ähnlich. Obwohl die Mädchen im gleichen Haus wohnen, kreuzen sich ihre Wege so gut wie nie. Bernadette weiß nur: Die Tochter von Hausmeister Sander. »Wenn du was von deinem Vater zu bestellen hast, benutz bitte in Zukunft den Aufgang hinten. Für Dienstboten.«

Luise hat ihr süßestes Lächeln aufgesetzt. »Ich möchte mit deinem Bruder sprechen«, sagt sie. Bernadette hat die Tür nicht sehr weit geöffnet. »Bertram ist nicht da.«

Lüge!, denkt Luise. Bertram, komm endlich! Sie erhebt die Stimme. »Es ist aber sehr wichtig. Kann ich auf ihn warten?«

»Komm ein andermal wieder.« Bernadette will die Tür zumachen, aber Luise kennt dergleichen. Wenn sie manchmal losziehen muss, um bei den Schuldnern ihrer Mutter zu kassieren, wird das auch versucht. Sie stemmt die flache Hand gegen die Türkante. Bloß nicht abwimmeln lassen. Langsam wird sie wütend, aber ihr Lächeln behält sie bei. »Darf ich reinkommen?« Und schon steht sie in der Diele.

43

Bernadette mustert sie entgeistert. »Unverschämtheit!« Sie greift den gestickten Klingelzug neben der Tür und schüttelt ihn heftig. Da kannst du lange bimmeln, denkt Luise grimmig. Eure Leute sind nicht verfügbar. Sie will an der anderen vorbei auf das Berliner Zimmer zugehen – schließlich kennt sie sich aus! –, als sich eine der hohen holzgetäfelten Doppeltüren öffnet. Nein, kein Bertram. Vor ihr steht in Weste und Hemdsärmeln, die Füße in ledernen Pantoffeln Walther Glücksmann, der Hausherr. Er blinzelt verschlafen und fährt sich durchs zerzauste Haar, streicht den Bart glatt und fährt seine Tochter ungnädig an: »Was soll dieser Krawall, Dette? Ich bin beim Mittagsschlaf!«

Zugegeben, Luise ist erschrocken, aber die Tochter offensichtlich auch, und vielleicht mit mehr Grund als sie.

»Das ist die Tochter vom Hausmeister, und die kommt hier einfach rein!«

Luise macht ihren schönsten Knicks und sagt mit süßer Stimme, während sie den Herrn anstrahlt: »Sie entschuldigen, ich wollte keineswegs stören. Ich wollte nur Bertram etwas ausrichten. Ich bin seine Tanzstundendame.«

Der kleine Herr hat ein Monokel aus der Westentasche gezogen und mustert sie von oben bis unten. Seine Miene verändert sich. Ein wohlwollendes Schmunzeln … Sehr gut.

»Die Tanzstundendame meines Sohnes also«, bemerkt er. »Der Filius beweist Geschmack. Und Ihr Vater kann es sich leisten, seine Töchter in die Tanzstunde zu schicken?«

»Seine Töchter nicht, nur mich«, erwidert Luise und fügt entwaffnend hinzu: »Bei den anderen lohnt es sich nicht.« Er sieht sie an, offenen Mundes, und bricht in Lachen aus. »Also, das würde ich ja ganz gern noch mal näher erläutert wissen. Kommen Sie eben mal mit zu mir. Dette, warum kümmerst du dich nicht weiter um dein Klavier?«

44

Luise wirft dem Mädchen einen triumphierenden Blick zu. Der Punkt ist an sie gegangen. Bernadette schlägt mit den Türen, und gleich darauf hört man einen modischen Galopp im D-Zug-Tempo. Ist die wütend!

Walther Glücksmanns Arbeitszimmer ist eine verkramte und verräucherte Bude, voll gestopft mit Zeitungen, die stapelweise allüberall herumliegen, sogar auf dem Parkettfußboden, dem großen Tresor und den Sesseln.

Der kleine Herr mit dem dunklen Spitzbart, dem Monokel und dem Brillantring am kleinen Finger fegt ein Zeitungsbündel von einem der breiten Ledersitze und bietet Luise einen Platz an. Prüfung, denkt sie unter den forschenden Augen, dem funkelnden Einglas. Zeig dich von der besten Seite!

Bertrams Vater setzt sich ihr gegenüber, rittlings auf die Lehne, die Arme verschränkt, und schweigt erst mal.

»Also, Sie gehen mit meinem Sohn zur Tanzstunde. Fräulein Sander aus dem Souterrain.«

»Ich hab nicht vor, mein Lebtag lang im Souterrain zu bleiben«, sagt sie rasch.

Er nickt. »Auf Bälle gehn. Natürlich. Entschuldigen Sie, aber Sie sind sehr jung. Haben Sie wirklich eine Karriere als Halbweltdame vor? Und so was finanziert der alte Sander?« Er schüttelt den Kopf.

Luise spürt, wie ihr die Röte ins Gesicht fährt. »Also zuerst: Das meiste davon bezahl ich selbst. Ich bin 'ne gute Weißnäherin. Und dann – es gibt noch andere Wege, rauszukommen, als Halbweltdame zu werden.«

Nun grinst Glücksmann, eindeutig amüsiert: »Das ist völlig klar. Zufällig gibt es in meiner näheren Umgebung ein Beispiel dafür. Hm. Und Sie haben es auf meinen Sohn abgesehen?«

»Nicht ich auf ihn. Er auf mich«, sagt sie schnell. Ist sie zu weit gegangen? Nein, er lächelt weiter, anerkennend. »Bezahlt er Ihnen was?«, fragt er beiläufig.

Sie fährt auf. »Keinen Pfennig! Das fehlte noch! Ich nehm keine Geschenke und ich lass mich nicht aushalten! Ich …«

»Ist ja gut!« Er legt ihr begütigend die Hand aufs Knie. Nicht, dass sie es besonders mag. Aber sie hält stand. »Die Empörung steht Ihnen sehr gut, wirklich!«

Neben der Chaiselongue mit der zerwühlten Seidendecke steht ein metallener Sektkühler, aus dem ein Flaschenhals, umhüllt von weißer Serviette, herausragt. Gläser daneben. Sicher der mittägliche Schlummertrunk. Glücksmann beugt sich zur Seite und schenkt zwei Gläser voll. Es sprudelt und läuft über. Luise unterdrückt mit Mühe ihr Bedürfnis, aufzuspringen und nach einem Lappen zu suchen

»Ein Gläschen Champagner auf unsere Bekanntschaft, Fräulein Sander.«

Die Gläser haben Kristallschliff und einen breiten Goldrand. Sie hat so etwas noch nie getrunken. Sieht aus wie Fassbrause. Sie nippt vorsichtig. Schmeckt auch so. Bertrams Vater stürzt es hinter, als wenn er am Verdursten wäre. Schenkt sich sofort nach. Muss es schon öfter getan haben, denn jetzt wird er redselig, bemerkt Luise verwundert.

»Wissen Sie, meine Liebe«, sagt er, »zielstrebige Frauen sind sehr anziehend für mich, vor allem, wenn sie so hübsch sind wie Sie. Aber ich kann Ihnen wenig Hoffnungen machen. Ich habe eine Tochter zu verheiraten – Sie haben sie eben gesehen. Und es gibt ein Problem, das – ach, das führt zu weit. Jedenfalls, Bernadette braucht Mitgift. Ziemlich viel.« Er stöhnt und leert das Glas erneut, wischt sich mit dem Handrücken über den Mund. »Und folglich muss mein Sohn eine gute Partie heiraten. Geld und nicht Schönheit. Leider. Trotzdem. Ich wünsche Ihnen viel Glück. Man weiß ja nie, wie's kommt.«

»Ich will keinen heiraten. Ich will nur meine Tanzstunde machen«, sagt Luise trotzig und steht auf. Als Kavalier erhebt er sich ebenfalls. Sie stehen Auge in Auge. Sein Monokel hat er wieder in der Tasche verstaut, und in seinen fast schwarzen Augen, die denen Bertrams sehr ähnlich sehen, liest sie sein Wissen darum, dass sie in diesem Moment lügt.

»Also gut«, sagt er zuvorkommend. »Es war mir ein Vergnügen, Sie kennen zu lernen. Übrigens, was gab es denn auszurichten? Ich kann das ja übernehmen.«

»Der Tanztee ist um eine Stunde vorverlegt.«

»Wie bitte?«

»Der Tanztee ist …«

»Ja. Schon gut.« Er beginnt zu lachen. »Dafür der ganze Aufstand? Sie hätten ja einfach ein Zettelchen reingeben können … Immerhin. Sie lassen keine Gelegenheit aus, wie? Beachtlich, Fräulein – wie war doch gleich der Vorname?«

»Luise.«

»Luise. Es war mir ein Vergnügen. Viel Glück.«

Sie knickst, aber er sieht nicht hin. Hat sich wieder der Champagnerflasche zugewendet. Offenbar ist die Audienz beendet.

So schlecht ist das ja nicht gelaufen, denkt sie, während sie geht.

Sie sieht sich um. In der großen Diele ist niemand. Aus dem Musikzimmer dringt das Klaviergehämmer Bernadettes. Kein Gedanke, dass sie jetzt geht.

Auf Zehenspitzen, damit das Parkett ja nicht knarrt, nähert sie sich der Tür zum Berliner Zimmer und drückt vorsichtig die Klinke. Auch niemand. Sie durchquert den Raum, erreicht den langen Korridor. Eine der Türen muss Bertrams Tür sein.

Luise schnüffelt. Sie hat eine feine Nase. Beim Boudoir der Mutter und dem Schlafraum Bernadettes müsste es anders riechen. Nach Parfüm vielleicht oder nach Haarwasser oder frisch gebügelten Kleidern. Nichts. Schließlich öffnet sie aufs Geratewohl die vorletzte Tür vor dem Wirtschaftstrakt.

Bertram!

Er sitzt, den dunkellockigen Kopf in beide Hände vergraben. Scheint über den Schularbeiten zu brüten. Fährt hoch und starrt sie an, mit einer Mischung aus Freude und Schreck. Dann springt er auf, wirft die Tür ins Schloss, drückt das Mädchen gegen die Wand und beginnt sie abzuküssen.

»Bist du denn verrückt geworden?«, murmelt er dabei. »Was willst du hier?« Sie macht sich los. »Also hast du mich doch gehört?«

»Natürlich habe ich dich gehört! Du warst ja laut genug!«

»Und warum bist du nicht gekommen?«

»Das ist viel zu gefährlich! Meinst du, ich will, dass meine Eltern —«

Sie sieht ihn an, mit großen Augen. »Aber ich war bei deinem Vater.«

»Du warst — » Bertram ist richtig blass geworden. »Gütiger Gott«, murmelt er. »Und nun?«

Sie zuckt die Achseln. »Ich habe ihm gesagt, dass ich deine Tanzstundendame bin und dass der Tanztee um eine Stunde vorverlegt ist. Dazu bin ich hergekommen.«

»Luise«, sagt Bertram und starrt sie an wie einen Geist. »So geht das nicht. Du kannst hier nicht einfach Sturm klingeln und reinkommen und so tun, als sei es selbstverständlich. So geht das wirklich nicht. Das muss man anders machen. Behutsam.«

»Wieso?«, fragt sie. Langsam wird ihr die ganze Sache zu bunt. »Ich hab es doch eben gemacht. Es gab überhaupt kein Problem. Ich glaube, Bertram Glücksmann, du bist nicht unbedingt ein Held. Zumindest nicht hier.«

Sie versetzt ihm einen Nasenstüber, der ein bisschen derber ausfällt, es ist schon beinah ein Schlag. Er sieht sie betreten an.

»Ach, und was ich dir noch sagen wollte – spätestens beim Abschlussball würden deine Eltern mich doch kennen lernen. Ich kann teilnehmen.«

Sie genießt Bertrams Verblüffung.

»Aber das Kleid ...«

»Das Kleid werd ich haben«, sagt sie bestimmt. »Ich hab eine Arbeit angenommen.«

Er fragt nicht, was für eine Arbeit das ist. Warum fragt er nicht? Er starrt sie nur an, und Luise beginnt zu ahnen, dass ihr Aufenthalt hier in der Beletage für ihn etwas wirklich Ungeheuerliches sein muss.

»Ich soll gehen?« Sie sieht ihn herausfordernd an.

Er weicht ihrem Blick aus.

»Ich bring dich nach draußen!«, sagt er hastig. Er öffnet die Tür und späht vorsichtig in den Flur hinaus. »Komm, die Luft ist rein«, flüstert er. So ein Theater! Er greift ihre Hand und zieht sie aus seinem Raum, aber statt mit ihr in Richtung Berliner Zimmer zu gehen, zerrt er sie hinter sich her zum Hinterausgang, zerrt sie durch die große gefliese Küche, wo über dem jetzt kalten riesigen Herd kupferne Pfannen und Tiegel aller Größen hängen.

Ihr Freund bugsiert sie doch tatsächlich aus der Hintertür!

»So, das wäre geschafft!« Und wieder drückt er sie gegen die Wand, wie er es in seinem Zimmer gemacht hat, und will sie küssen.

Aber jetzt wehrt sie sich.

»Das passt mir nicht«, sagt sie und dreht den Kopf weg. »So stell ich mir das nicht vor, Bertram. Wenn keiner zuguckt, fällst du mir um den Hals, und bei dir zu Haus hast du das bleiche Zittern! Abends versprichst du mir das Blaue vom Himmel, und am Tag bin ich Luft für dich! Nicht mit mir. Nein, lass mich in Ruhe!«

Sie reißt sich los und läuft die paar Stufen hinunter, die zur Hoftür, dem »Lieferanteneingang«, führen, aber Bertram stürmt hinterher und packt sie an den Schultern. »Luise!«, bettelt er. »Nicht so weggehen!« Er ist ganz blass. »Nicht böse sein, bitte! Ich war bloß so – so überrascht.«

Sie sieht ihn nicht an.

Aber sie geht auch nicht.

»Weißt du was?«, sagt er eifrig. »Am Sonntag kann ich den Dogcart haben, mit Berber davor. Die Hunde sind dabei, ich darf sie draußen trainieren. Vielleicht ist am Sonntag schon wieder besseres Wetter. Dann machen wir zusammen 'ne Ausfahrt, was meinst du?«

Der Dogcart. Der hübsche zweirädrige Wagen, in dem man sitzt wie im Freien, und der Wind zaust einem das Haar – Luise ist im Sommer mit Bertram durch den Spandauer Forst gefahren, und sie war so glücklich, wie selten in ihrem Leben. Aber jetzt im November …

Sie guckt ihren Freund prüfend an.

»Einverstanden. Wenn das Wetter danach ist. Aber nicht irgendwohin. Ganz und gar nicht. Am Nachmittag, wenn das ganze feine Berlin auf den Beinen ist. Da sollst du mit mir durch den Tiergarten fahren, mein Schatz.«

Luises sehr blaue und in diesem Moment sehr strenge Augen sind fest auf Bertram gerichtet. Bertram schluckt. »Du meinst –«, sagt er.

»Ja oder nein? Was anderes will ich nicht hören. Ja oder nein.«

»Du legst es drauf an, wie?«

»Ja. Ja, ich leg es drauf an.«

Er gibt sich einen Ruck. »Zum Teufel noch mal. Ich mach es, Luise. Wenn das Wetter danach ist –«

»Na, da kannst du ja nur noch hoffen, dass es stürmt und schneit, wie?«

Er schnappt nach Luft.

»Versprochen ist versprochen, Bertram. Und nun lass mich durch. Ich hab's satt hier.«

Ohne sich noch einmal nach Bertram umzudrehen, stößt sie die Tür auf und geht. Geht über den ersten Hinterhof, betritt den zweiten, sehr gerade hält sie sich und hat den Kopf hoch erhoben. Luise aus dem Souterrain. Trockenwohnerin. Wär fein, wenn Verlass wär auf die, die man liebt. Dass sie einen nicht verraten. Aus Feigheit.

Ein rascher Blick, Überblick über die Lage in der Küche im Souterrain.

Drei sind da. Der Vater fehlt, ein Glück. Agnes fehlt, die Schlampe. Wo anfangen?

Bei Lina, dem kleinen Dusselchen. Die hockt unter dem handtuchschmalen Fenster und spielt selbstvergessen mit der uralten Lumpenpuppe, die ihre Schwestern auch schon alle als Spielzeug hatten. Bei Luises Eintritt guckt sie erschrocken hoch. Hedwig verkriecht sich am Herd, hantiert mit den Feuerringen. Und Mutter am Waschfass.

»Auf der faulen Haut liegen! Mutter schindet sich ab!«, geht Luise auf die Schwestern los. »Rührt euch, nehmt die Beine in die Hand! Der Eimer ist noch nicht rausgetragen.

Und nehmt die vorgetrocknete Wäsche ab und tut sie in Mutters Korb, aber anständig zusammengelegt, klar? Hedwig fegt aus und Lina hilft beim Auswringen. Saustall! Betten machen! Los, los, oder soll ich noch andere Seiten aufziehen?«

Die Schwestern parieren aufgescheucht. Luise hat schlechte Laune. Da rutscht ihr schnell mal die Hand aus. Mutter Sander kommentiert Luises Eingreifen mit keinem Wort, mit keinem Blick. Sie ist einfach fertig. Hat ihr Kopftuch tief in die Stirn gezogen und arbeitet vor sich hin wie ein Automat. Luise räumt sich einen Teil des Küchentischs frei, wischt ihn sauber und beginnt, ihre Schulsachen auszubreiten. Es gibt keinen anderen Platz in der Wohnung. Nur ein Tisch. Aus den Augenwinkeln beobachtet sie, wie die Schwestern ihren Anordnungen folgen. Keine muckt auf. Beinah schade. Ihr wär's recht, jetzt mal hinzulangen.

Gerade als Hedwig und die Mutter mit dem letzten Laken fertig sind, geht die Tür auf, und Agnes steht auf der Schwelle, das Haar zerzaust, die Jacke offen, trotz der Kälte draußen. Gott weiß, wo die sich wieder rumgetrieben hat. Luise fährt sie an: »So, kommst du auch mal? Fein. Dann gehst du jetzt mit Mutter und mit dem schweren Korb. Und Hedwig und Lina nehmen den kleinen. Hopp, hopp, bisschen fix!«

»Kaum is man zur Türe rein, schon kommandierste einen rum!«, mault Agnes und streicht sich die roten Zotteln aus dem Gesicht. »Ick hab heut früh Zeitungen ausjetragen! Ick war als Erste aus de Federn!«

»Ja, weil ich dir mit 'nem nassen Lappen ins Gesicht gegangen bin! Keine Widerrede! Oder soll ich ihn dir noch mal um die Ohren hauen?«

So. Nun sind sie endlich draußen, und das ist es, was Luise gewollt hat. Jetzt ist sie allein. Jetzt kann sie ihre Hausaufgaben machen.

Luise kann auch arbeiten, wenn die ganze Familie da ist. Was bleibt ihr schließlich übrig. Sie kann sich wegkonzentrieren, egal, ob alles um sie herum schimpft, schreit oder albert. Aber wenn es ihr gelingt, ganz für sich zu sein, dann ist das wie ein großes Aufatmen.

Bertram in seinem schönen Zimmer und an seinem schönen Schreibtisch, wo er ungestört sitzen kann. Ob der das überhaupt zu schätzen weiß?

Und dann, gerade ist sie mit Rechnen fertig und will Deutsch machen, hört sie mit Schrecken den ungleichmäßigen Schritt, das Aufsetzen des Stocks auf dem Hof. Der Vater kommt schon nach Haus. Weiß der liebe Gott, was ihn heute so früh aus der Destille getrieben hat.

Sie schraubt hastig das Tintenfass zu. Wenn der Alte wieder mal dagegenstößt, kann sie mit ihren Schularbeiten noch mal anfangen.

Wenn der Alte kommt, gibt es drei Möglichkeiten. Entweder er ist mürrisch, oder er ist reizbar oder rührselig. Das Erste ist das Beste. Dann darf man ihn bloß nicht anquatschen. Wenn er reizbar ist, kommt unweigerlich wer dran, außer er schläft vorher ein. Nicht Luise. Luise ist ja sein schmuckes Kerlchen, die Einzige unter den ganzen Pinkelbüchsen hier, die aussieht, wie man sich 'n Mädchen vorstellt. Dafür muss sie dann herhalten, wenn er rührselig ist. Und heute scheint er rührselig zu sein.

Er steht an der Tür, stützt sich mit beiden Händen schwer auf den Stock und sieht vor sich hin. »Wo sind 'n die alle? Man kommt nach Hause zu seiner Familie, und det Nest is leer.«

»Guten Abend, Vater«, sagt Luise vorsichtig. »Die Mädchen helfen Mutter noch schnell beim Austragen. Wenn du essen willst, mach ich dir was warm.«

53

»Nimm bloß keene Rücksicht uff mich, Luise. Wozu denn? Keen Mensch nimmt Rücksicht auf 'n Kriegsinvaliden. Unsereens kann ruhig varrecken.«

Kriegsinvalide, denkt Luise verächtlich. Als wenn nicht jeder, einschließlich der Kneipenkumpane, wüsste, dass Wilhelm Sander damals vom Baugerüst gefallen ist und sein lahmes Bein daher stammt! Aber immer wieder muss diese Geschichte herhalten: Sander, der verletzte Krieger, die Schlacht bei Gravelotte, und keine müde Mark vom Staat, Bismarck hat kein Herz für 'n einfachen Menschen … Bismarck überhaupt, der hat an allem Schuld.

Sander hat unterdessen ebenfalls am Küchentisch Platz genommen. Seine Nähe ist Luise nicht lieb. Der steife Kragen, den man *Vatermörder* nennt, ist schief gerutscht, und sein dichter blonder Bart, den er jeden Morgen so sorgfältig mit Pomade kämmt, wirkt strähnig und matt. Sander riecht nach Bier. Luise rückt ein bisschen von ihm ab, aber so, dass er es nicht merkt. Er ist sehr feinfühlig, wenn es ihn selbst angeht, der Alte. Nie wird er zugeben, dass er schief geladen hat. Schließlich ist er nie richtig besoffen. Immer bloß die paar Mollen. Doch nicht so was wie bei seiner Frau!

»Mein Luis, mein schmuckes Kerlchen!« Er ist ihr schon wieder näher gekommen. »Hach, wenn du doch 'n Junge wärst!«

Immer dieselbe Litanei.

»Wenigstens ma 'n Mann in de Familie – immer nur diese traurigen Pissnelken! Und alle sehen se aus wie die Schleiereulen, bloß du nich, mein Schätzeken. Du bis mein Joldstück. Mit dir kann man Staat machen. Herrjott im Himmel, warum bin ick denn bloß so jestraft. Det kaputte Been, und denn bringt dir die Olle bloß Weiber an, bloß Weiber! Wer soll die denn füttern? Und wie soll ick die verheiraten, die ollen Tränen, hässlichen die? Wer nimmt denn so wat ohne Mitjift? Aber du, du machst mir alles wieder jut.«

Jetzt ist er ihr wieder auf den Pelz gerückt und legt den Arm um sie. Luise macht sich ganz steif. Beobachtet die andere Hand des Vaters, die jetzt, zur Faust geballt, auf dem Tisch liegt. Nicht, dass er ihr den Schulkram durcheinander bringt! Zu allem anderen auch das noch.

»Luis, mein Schätzeken. Nie werd ick verjessen, wie ick uffs Standesamt bin, um deine Jeburt anzumelden. Stolz war ick wie 'n Spanier. Da konnt ick ja noch nich wissen, det eene Schürze de andere jagen würde. Und weeßte, wie ick dir nennen wollte? Aujusta wollt ick dir nennen, wie nach unsere Kaiserin. Aujusta. Kannste dir vorstellen, wat da passiert is?«

Luise schweigt. Sie kennt die Geschichte, sie hat sie schon hundertmal gehört. Immer wenn Wilhelm Sander den Melancholischen hat, wird sie rausgekramt.

»Sagt doch der Bürohengst mit seine Ärmelschoner und sein' Kneifer zu mir, juter Mann, sagt der, det darf ja wohl nich Ihr Ernst sein. Aujuste, mit e hinten. Det kann ick annehmen. Aber Aujusta? In Ihrem Stand? Det jrenzt ja an Majestätsbeleidijung, wenn da jeder Prolet daherkommen könnte und sein Balg so taufen will nach unserer erhabenen Kaiserin. Unmöglich. – Da hab ick jeschluckt. Und denn hab ick jesagt: Nenn ick se eben Luise. War ooch 'ne Kaiserin, aber die is Ihnen hoffentlich lange jenug tot, Männeken.«

Ja, ja. Luise weiß. Alle Welt behandelt Wilhelm Sander ungerecht. Gleich wird er anfangen, auf die Meschpoke im Vorderhaus zu schimpfen, auf die reichen Juden in der Beletage, die ihn rumkommandieren. Dabei – Glücksmanns sind gar keine Juden mehr. Bertram hat es ihr selbst erklärt. Schon sein Großvater ist zum Christentum übergetreten. Abgesehen davon, dass ihr das völlig Wurscht ist.

»Soll ich dir schon mal dein Essen machen, Vater?«, fragt sie. Bloß weg von ihm jetzt!

Sander nimmt sie nur fester in den Arm.

»Du nich. Du bis meen Joldstück. Du muss hier nichts machen. Da wart ick uff die andern. Du kümmer dich um deine Bildung und det allet. Wat macht 'n die Tanzstunde? Hat det Jeld jereicht? Et hat jereicht, oder?«

Luise nickt. Gar nichts hat gereicht, was der Alte da von der Familienkasse abgeknapst hatte, damit sein Goldstück was Feines lernt. (Von seinem Biergeld redet ja keiner.) Die Hälfte hat sie mit der Weißnäherei dazu verdienen müssen, und wenn sie nicht das Glück mit dem großen Auftrag bei dem Professor Pinselheinrich gehabt hätte – Pustekuchen.

»Meine Süße! Du schaffst et, det weeß ick. Du kriegst wat janz Exquisites ab. 'n Offizier vom Jarderejiment vielleicht. Oder 'n Herrn Kommerzienrat mit Jeld wie Heu. Du holst uns hier raus aus dem elenden Kellerloch! Du bringst uns in 'ne Beletage, dajejen is die von den einjebildeten Judenbengeln im Vorderhaus 'n Dreck. Denen werden wir's zeigen, was, Luis?«

»Vater, ich muss arbeiten.«

»Hast ja Recht, meine Kleene. Ick stör bloß. Jib mir Küsschen, ja?«

Der Vater nähert sein Gesicht dem ihren. Dieser Bieratem! Sie kennt dass, seit sie sich erinnern kann. Die feuchten Lippen umfassen ihren Mund. Mit äußerster Selbstbeherrschung hält sie sich zurück. Ich darf ihn nicht wegschubsen! Sander schnieft. Er schiebt ihr die Zunge in den Mund. Sie muss ihre Lippen für ihn öffnen. Er presst seinen Körper an sie, schiebt sein Bein zwischen ihre Schenkel. Reibt sich an ihr.

Luise schließt die Augen. So kam er zu ihr, als sie noch klein war, hob sie, schlafwarm wie sie war, aus ihrem Bett und trug sie zu sich rüber. Mutter war schon auf und in der Küche. Sein Bart zerkratzte ihr Gesicht. Seine Hand streichelte sie unter dem Nachthemd. Sein Geschniefe. »Luis, mein Püppchen! Vaters schmuckes Kerlchen! Schön leise sein, ja?«

Ihr wird übel bei dem Gedanken daran. Ihre Hand tastet auf dem Tisch. Sie bekommt das Tintenfass zu packen. Am liebsten ihm ins Gesicht … Aber dann schmettert sie es nur vom Tisch an die Erde.

»Oje! Da ist was runtergefallen!«

Endlich entfernt er seine Arme von ihr. Lässt sie ernüchtert los.

»Wo bleib'n se bloß, die ollen Krücken? Die könn'n wat erleb'n, wenn se mich uffs Abendessen warten lassen!«

Er steht auf, leicht schwankend, und geht zum Ausguss, um dort sein Wasser abzuschlagen. Na und? Sonst müsste er ja erst über den Hof auf den Abort.

Luise wischt sich die Lippen mit dem Handrücken ab. Dann holt sie den Lappen und wischt die Tinte weg.

Raus hier, bloß raus! –

Wie kann es nur so stinken in einer Wohnung! Muffig und feucht, dass es einem den Atem nimmt. Keller eben und Wrasen von der ewigen Wascherei. Und Rattenpisse und Muff aus den Ecken. Und dazu die ewig ungeleerten Nachteimer, die keiner rausträgt, wenn sie nicht hinterher ist, und das Ungewaschene der Mädchen. Vom Bierdunst des Alten mal ganz zu schweigen. Überhaupt, wie streng der riecht …

Luise liegt im Bett neben der kleinen Schwester und hält den Atem an. Es gibt Zeiten, da merkt sie es gar nicht mehr. Hat sich dran gewöhnt. Dann ist sie auf sich selbst sauer. An so etwas darf man sich einfach nicht gewöhnen! Das ist ein

Befehl an sich selbst. Sonst wird man irgendwann so wie Anna Sander.

Sie schließt die Augen. Träumt sich weg. Vorigen Sommer im Spandauer Forst. Mit Bertram im Dogcart. Der gute Geruch von Berber, dem Pferd, da vor ihnen, die sanfte Bewegung seines Rückens während er sie durch die Heide zieht. Um sie herum springen die beiden schönen Hunde wie große seidene Blitze. Licht und Schatten streifig über ihnen, das Gefährt sanft schaukelnd. Grün über Grün. Ein Kuckuck ruft.

»So viele Jahre der ruft, so viele Jahre werden wir glücklich sein!«, sagt Bertram. Sie können gar nicht aufhören mit dem Zählen. Herrlich! So alt wird kein Mensch. Geschweige denn glücklich.

»Doch, wir ja!«, schreit Bertram, wirft dem Pferd die Zügel hin. Das findet den Weg schon. Sie küssen sich. Die Welt ist grün und sonnig und windig und voller Verheißung.

Wann ist das Pferd stehen geblieben? Sie haben es nicht bemerkt.

»Wir beide, du und ich, für immer!« –

So wird es sein. Luise ist weit fort aus ihrem Hinterhof.

»Ich brauche dich«, sagt Markwart. »Du bist ein Glücksbringer für mich. Es macht mir einfach Freude, wenn du da bist. Und dein schöner Körper regt mich an. Er verleiht mir Schwung, Luise! Halb Berlin wartet schon auf das nächste Bild mit dir. Die schöne Unbekannte mit dem reizenden Rücken. Ich habe Bestellungen aus den besten Häusern, das kannst du mir glauben. Die Preise erreichen bald das, was Kollege Lehmbruck bekommt.«

Luise antwortet nicht.

Sie liegt auf einem mit schwerem, dunklem Samt bezogenen Diwan, aufgestützt auf einen Arm, den anderen hochgebogen zum Kopf, und präsentiert dem Maler mal wieder ihren Rücken. Das heißt, es ist schon ein bisschen mehr. Das mattrosa Tuch, das um ihre Hüften drapiert ist, lässt auch noch den Ansatz des Hinterteils frei, den Schwung der Hüfte, verführerisch vorgezeigt, die Linie vom Becken zur Taille und weiter zur Schulter, die Markwart so unvergleichlich schön findet.

Luise hat keine Ahnung, was Markwart für so ein Bild kassiert. Aber wenn sie sich in seinem Atelier umsieht, diese schweren Samtportieren und die gerafften Gardinen, die Regale aus Mahagoniholz, dann kann sie sich schon vorstellen, dass dieser Maler ein reicher Mann ist.

Das Posieren ist Arbeit. Weiter nichts. Und keine leichte Arbeit.

»Wenn Sie so gut an mir verdienen«, sagt sie, dann können Sie ja auch noch mal mein Honorar erhöhen.«

»Du bist vielleicht gerissen! Und wenn ich Nein sage?«

»Steh ich auf und geh woanders hin. Zu diesem Kollegen Lehmbruck zum Beispiel.«

Markwart lacht anerkennend. »Gewonnen. Aber nur, wenn du mir sagst, wie du das fertige Bild gefunden hast. Du hast es dir doch angeguckt, nicht wahr? Leugne es nicht. Ich hab gesehen, wie du davor gestanden hast, als ich draußen war, um mir die Hände zu waschen.«

»Wollen Sie das wirklich wissen?«, fragt Luise bedächtig.

»Allerdings.«

»Ich finde, dass das alles Tinnef ist. Leda mit dem Schwan, und das jetzt, was soll das werden? Die Odaliske im Bade! So ein Humbug. Ich meine, es sieht ja ganz schön aus, aber – wenn Sie schon **mich** malen – ich bin doch gar nicht gemeint.

Na ja, wenn irgendwelche reichen Kerle Geld dafür ausgeben – gut. Aber wie kann man für so was Professor an der Akademie werden?«

Der Maler schweigt.

»Sind Sie jetzt beleidigt? Sie wollten es doch wissen.«

Er schmeißt seine Palette polternd auf den Tisch. »Freche Göre!«, sagt er mit zusammengebissenen Zähnen. »Nein, dafür wird man nicht Professor an der Akademie. Aber für meine unvergleichliche Technik, meine Farbgebung, meinen an den alten Meistern geschulten Strich … Was verstehst du schon davon.«

»Gar nichts. Ich hör bloß zu.«

Markwarts Pinsel klatscht auf die Leinwand. »Ich hab auch noch andere Themen. Patriotische.« Er klingt gar nicht mehr so überlegen und ironisch wie sonst. Eher verbissen.

»Patriotische? Was denn?«

Er atmet laut durch die Nase. »Germania überwindet die Welschen«, sagt er. »Oder was aus der Geschichte. Hermann und Thusnelda. Völkische Größe.«

»*Dafür* wird man Professor, ja?«

»Man sollte dir den Hintern versohlen, du Rotzgöre!« Marquart fängt an, sich zu ärgern.

»Sie haben mich gefragt.«

Zwischen Maler und Modell herrscht Schweigen.

»Pass bloß auf, wenn du zu mir ins Haus kommst«, sagt er boshaft. »Natürlich wollen alle wissen, wen ich da male. Neugierig sind sie wie Gift. Wenn die Aktbilder mit dir weiter so Aufsehen erregen, dann kann es auch passieren, dass dir mal einer auflauert, um das Geheimnis zu lüften. Diese Reporter sind wie Schmeißfliegen.«

»Das wäre!«, fährt Luise auf und verwackelt beinah die Pose.

»Kauf dir einen Hut mit Schleier!«, rät Markwart. Er lacht höhnisch. Mustert sie mit schief gelegtem Kopf.

»Ach, irgendwann muss mal der Spiegel ins Bild. Und auf dem Spiegel wird ein Gesicht erscheinen.«

»Aber nicht meins!«

»Ein anderes? Das fände ich reizvoll. Du setzt dir ein Hütchen auf und ich dir einen Kopf. Das ist ein hübsches Spiel: Hast du nicht Schwestern? Vielleicht können wir eine von ihnen für ein Porträt gewinnen?«

»Meine Schwestern«, sagt Luise böse, »sind hässlich wie die Nacht. Da werden Sie Ihre helle Freude dran haben.

»Jetzt übertreibst du aber.«

»Es ist, wie ich sage. Lina und Hedwig haben krumme Beine und Agnes ist fett.«

»Die Gesichter, Mamsellchen, wir waren bei den Gesichtern!«

»Die sind auch nicht besser.«

»Kann es sein, dass du deine Schwestern nicht besonders gut leiden kannst?«, fragt der Maler, nun wieder amüsiert.

»Hach!« Luise lacht empört. »Kennen Sie das Märchen von der Königstochter, die von ihren Schwestern so schrecklich beneidet wird? Als sie dem König einen Sohn zur Welt bringt, nehmen die Schwestern ihr das Kind weg und schieben ihr einen Wurf junger Hunde unter. Dabei muss ich immer an meine Familie denken.«

Otto Markwart legt Pinsel und Palette aus der Hand, so sehr kommt ihn das Lachen an. »Nein! Luise, du bist köstlich! Also ich kann es kaum fassen. Eine proletarische Atridensaga! Du bist, wenn ich das recht verstehe, so etwas wie eine Prinzessin unter dem Lumpengesindel, jemand, der was Besseres ist?«

»Aber da können Sie sicher sein!«, sagt Luise fest.

»Es ist unglaublich!« Er schüttelt den Kopf. »Ein Selbstbewusstsein, nur weil man ein bisschen besser aussieht als die anderen!«

»Sie begreifen gar nichts!«, entgegnet sie. »Ich seh nicht bloß besser aus. Ich bin auch klüger. Und außerdem weiß ich genau, was ich will.«

»Da könntest du sogar Recht haben.«

Eine Wolke verdunkelt die Sonne, und kurz danach geht vor dem großen Atelierfenster ein Schneeschauer nieder.

Der Maler wirft einen Blick nach draußen.

»Das war's für heute«, sagt er verdrießlich. »Bis das vorbei ist, kommt die Dämmerung, und mit Lampen kann ich diese Hauttöne nicht malen. Aus für heute. Schluss der Sitzung.«

»Ich bin dem Himmel richtig dankbar«, bemerkt sie und nimmt langsam den Arm vom Kopf fort. »Eine unerträgliche Pose, Professor! Wie mein Arm wehtut! Puh!«

Er lächelt und beginnt, seine Utensilien fortzuräumen. »Dein Gejammer hör ich besonders gern«, bemerkt er, während sie sich anzieht.

Luise hat keine Scheu mehr vor Markwart. Nachdem sie begriffen hat, dass er wirklich nicht vorhat, sie anzufassen, ist es ihr gleichgültig geworden, wie viel er von ihrem unbekleideten Körper zu sehen bekommt. Sie ist nun dran gewöhnt.

Sie genießt es, während sie in ihr leinenes Hemd und die Hosen kriecht, das Mieder anzieht und die Strümpfe daran befestigt. Jedes Teil für sich, mit bedachten Bewegungen. Soll er ruhig gaffen.

Und was für ein Genuss ist es, sich kaum bekleidet in den großen warmen Räumen zu bewegen, während draußen die Flocken wirbeln! Markwart hat eine Zentralheizung wie die Glücksmanns, die von der Küche aus bedient wird. Nirgends gibt es Ofendreck oder Gestank. Es ist warm, es ist bequem. So lässt es sich leben.

Nur mit dem Unterrock bekleidet, tritt sie ans Fenster und sieht hinaus. Kein Gegenüber, nur der Himmel und da unten ein alter verwilderter Garten. Sie reckt und streckt sich, um die ermüdeten Glieder wieder zu beleben. Aber inzwischen ist sie auch an das Modellstehen gewöhnt, es strengt nicht mehr so an.

Überhaupt – warum soll sie es sich nicht eingestehen? Sie freut sich auf die Sitzungen. Sie freut sich über die Bewunderung, die Markwart ihrem Körper zollt. Sie hat Spaß an dem Wortgeplänkel, mit dem sie sich die Zeit verkürzen und ihr die Mühsal und Langeweile des Posierens erträglicher machen, an seinen und an ihren Frechheiten, und sie fühlt sich wohl in dieser Wohnung.

Zum Schluss gibt es Kaffee – und Geld.

Das Geld, das schöne Geld sammelt sich an.

Sie hat die Markstücke zuerst in Taler vertauscht und sie im doppelten Boden ihrer hölzernen Federtasche verborgen, in der Schulmappe.

Aber es ist mehr und mehr geworden, und die Federtasche reichte nicht mehr aus. Wo soll man Geld verstecken in einer Wohnung, wo keiner eine Stelle für sich hat, nicht mal ein Bett, und wo einen die spähenden Augen der anderen auf Schritt und Tritt verfolgen? Schließlich hat sie die Taler, Stück für Stück, in einen Strumpf verknotet, damit sie sich nicht durch das Klappern verraten, und diese »Börse« unter der Matratze ihres Bettes versteckt. Sie teilt die Schlafstelle mit Lina. Agnes, deren Aufgabe es ist, die Bettstellen in Ordnung zu halten, ist viel zu träge, um eine Matratze zu lüften. Da ist das Geld ziemlich sicher.

Und sie genießt auch die Heimlichkeit.

Bertram hat sie wie ihren Eltern gesagt, dass ihr die Handarbeitslehrerin eine Stelle in einem Haushalt besorgt hat, wo sie Wäsche ausbessert. Jeder glaubt ihr. Zu komisch. Keiner fragt nach. Hauptsache, es ist was da. Zu Haus bringt sie was ein. Nicht zu viel. Sie hütet sich, ihre Taler vorzuzeigen. Gewissenhaft tauscht sie eine Mark in Groschen ein, ehe sie was auf den häuslichen Küchentisch legt. Man muss ja keine dummen Fragen provozieren.

Ein Hut mit Schleier? Aber sie braucht auch eine warme Winterjacke, so eine mit Pelzkragen, und den Muff passend dazu. Ja, und das Ballkleid. Eigentlich reicht es noch nicht hinten und nicht vorn.

Unmutig löst sie ihr Haar, um es nun wieder ordentlich mit Nadeln zu befestigen, nicht so anzüglich wie fürs Modellsitzen.

»Schön, dass du dich von dieser blauen Schleife getrennt hast«, merkt Markwart an.

»Wieso? Wie meinen Sie das?«

Es stimmt, dass sie die Schleife, die ihr Bertram geschenkt hat, in der letzten Zeit gar nicht mehr eingebunden hat.

»Weil sie dir nicht steht. Zugegeben, sie harmoniert mit der Farbe deiner Augen. Aber sie ist viel zu kühl. Du brauchst andere Farbtöne, Luise. Creme, rosé, flamingo-, gold- und kupferfarben. Das ist deins.«

Mit einer heftigen Bewegung stößt sie die beinerne Haarnadel durch den Zopf.

»Was ist? Ist dir eine Laus über die Leber gelaufen?«

»Wieso?«

»Na, ich seh doch, dass du dich anders benimmst. Vorher waren deine Bewegungen eine schöne Linie. Fließend. Und jetzt bist du wie eine Maschine.«

»Sie sehen und sehen«, sagt Luise verärgert. »Ihnen bleibt

nichts verborgen. Und dann kriegen Sie doch bloß solche Schinken zustande.«

»Weil sie sich verkaufen, Herrgott noch mal!«

»Und das wirkliche Leben?«

»Das wirkliche Leben malen andere.«

»Der Zille, ja? Nee, das meine ich nicht. Ich meine bloß – wenn ich nun schon so 'nen schönen Rücken habe, und der hängt bloß in so 'nen paar Herrenzimmern ...«

Er beginnt zu lachen. »Du bist mir schon eine Muse! Mädchen, du bist Gold wert. Na, und das kriegst du ja auch.«

Der Kaffee wartet schon. Und neben der Tasse ihr Geld.

Wie der Maler da so steht, an der Tür zum Salon ... Es gibt ihr einen Ruck. Wenn Bertram mal älter ist, könnte er so aussehen. Diese dunklen Augen und die Linie von der Nase zum Kinn. So was von Ähnlichkeit.

Bloß keine Gefühle!, befiehlt sie sich.

Sie wirft den Kopf zurück und sieht Markwart herausfordernd an.

»Also gut«, sagt sie. »Wenn Sie wollen, können wir noch eine Sitzung mehr pro Woche machen. Ich hab gerade Zeit. Mein Nähkurs fällt aus.«

Der Maler grinst anerkennend und schenkt den Kaffee ein.

»Von mir aus. Und außerdem ist so eine Sitzung ja auch lukrativer als ein Nähkurs, habe ich Recht?«

Luise lächelt zuckersüß. *Lukrativer* – soll er doch reden, was ihm Spaß macht.

»Wo Sie Recht haben, haben Sie Recht!«, sagt sie. –

Der Sonntag fängt strahlend schön an, bloß kalt ist es. Luise lächelt in sich hinein. Muss Bertram eben eine warme Decke mitnehmen in den Dogcard, damit sie keine kalten Füße kriegt. Sie geht gleich nach dem Mittagessen aus dem Haus, flieht, so schnell sie nur kann. Erst draußen auf der Straße holt sie ihre besseren Sachen unter der Jacke hervor, den Muff aus Krimmer und die kleine Kappe aus dem gleichen Material, es sieht fast aus wie Persianer. Sie braucht zu so was keinen Spiegel. Mit langen Schritten eilt sie durch die sonntäglich stillen Straßen. Aber als sie auf den Kirchplatz einbiegt, von dem es rechts abgeht, vorbei bei Borsig und den alten Kasernen, verdunkelt sich der Himmel, und auf einmal geht ein dicker feuchter Schneeschauer so heftig nieder, dass die Nässe ihr zwischen Hals und Kragen gerät und ihre zu dünnen Stiefel durchdringt. Man sieht keine Hand vor Augen.

Nichts wird mit der Ausfahrt. Ärgerlich zieht sie den Schal fester um den Hals.

Als sie endlich in den Fourragehof einbiegt, kommt gerade die Sonne wieder durch. Aber sie ist nass wie eine Katze, die in den Bach gefallen ist. Vor Ärger hat sie Tränen in den Augen.

Bertram ist nicht zu sehen, der Sessel im Kontor steht leer. Und auch die Hunde kommen ihr nicht entgegen, und auch im Kontor ist der Junge nicht. Luise geht in den Stall. Ja, das Kutschpferd wurde geputzt. Wenigstens hat er es vorgehabt, mit ihr auszufahren. Wenigstens wollte er sich nicht drücken. Aber nun scheint er oben zu sein.

Oben, das ist die Kammer auf dem alten Getreideboden, in der früher Hafer aufbewahrt wurde. Das ist Bertrams »Allerheiligstes«, sein kleines Labor, die Werkstatt, in der er seine elektrischen Experimente durchführt.

Walther Glücksmann sieht dieses Steckenpferd mit scheelem Blick und hat für die Bastlerneigungen seines Sohns nur Spott übrig. Die Glücksmanns sind keine Handwerker, sie sind Kaufleute, und sie gebrauchen ihren Kopf zur Arbeit und nicht ihre Finger. Die werden dabei bloß dreckig. Darum darf er damit auch nicht ins Haus und in die Beletage.

Luise rafft den Rock und steigt vorsichtig die Holztreppe hoch. Sie ist neugierig. Noch nie hat Bertram sie mitgenommen in die Bastelkammer.

Die beiden Collies sind auf dem Futterboden und begrüßen sie nur flüchtig. Sie stöbern zwischen Strohballen und Heuhaufen herum, haben wohl Mäuse gewittert. Oder Ratten. Der riesige alte Vorratsboden ist nur zu einem Drittel gefüllt, Futter für die paar Gäule, die hier in Pension eingestellt sind. Mit Fourrage handeln die Glücksmanns nicht mehr. Als die alte Ausspanne Pleite machte, weil der Eisenbahnverkehr den Postkutschen und Lieferantenkarren den Garaus machte, stieg Walther Glücksmann aus einem Geschäft aus, das ihm von jeher verhasst gewesen war. Er verstand sich als Großkaufmann, als Geldmensch, nicht als Kleinkrämer. Damals hätte es durchaus eine Möglichkeit gegeben, weiterzumachen. Für die städtischen Pferdeomnibusse wurden Stallungen und Verpflegungslieferanten gesucht. Aber Glücksmann hatte kein Interesse.

Bertram hat ihr das erzählt, und er fand es wohl auch noch gut. Manchmal hat er 'ne furchtbar hochnäsige Art drauf, der Junge.

Luise geht über den halb leeren riesigen Bodenraum auf die Kammer zu, deren Tür nur angelehnt ist, und tritt leise ein. Ihr Freund bemerkt ihr Kommen nicht, so beschäftigt, wie er ist. Er hat seine Jacke ausgezogen und sitzt an seinem Arbeitstisch, tief gebeugt über irgendwelchen Drähten und Spulen. Er hat ihr erzählt, was er hier baut. Wie heißen die Dinger, die hier so gefährlich summen? Transformatoren und Generatoren hat er das genannt, und die Sachen, an denen er im Augenblick herumspielt, kommen Luise geradezu aben-

67

teuerlich vor: Kabel und Gehäuse aus Holz, gebogene, metallene Tüten, wie sie in den vornehmen Häusern als Sprachrohre in die Dienerzimmer hineinragen und mit denen das Hausgesinde gerufen wird; hauchdünner Draht, der wie rötliches Haar schimmert, liegt überall herum, Zangen sind da, Schraubenzieher, ein Lötkolben raucht über der Gasflamme. Es sieht aus wie bei einem Giftmischer.

Bertram schreckt hoch, als sie seine Schulter berührt, und starrt sie mit Augen an, die aus einer anderen Welt zu kommen scheinen. So viel ist klar – im Moment, als der Schneesturm anfing, hatte er die Ausfahrt abgeschrieben und damit auch gleich Luise völlig aus seinem Kopf verdrängt.

»Was machst du denn hier?«, stammelt er. Seine Wangen sind vor Eifer gerötet.

Sie sieht ihn an, und die Freude darüber, ihn hier zu finden, mischt sich mit dem Ärger über seine Frage. Als wenn sie Luft wäre!

Da steht sie, schmelzenden Schnee auf Hut und Haar und Schultern, mit nassen Füßen, und er hat ja wohl ganz vergessen, dass es außer seinen Drähten noch was gibt auf der Welt. Starrt sie an wie einen Geist.

»Luise Sander mein Name«, sagt sie und bewegt die Hand vor seinem Gesicht hin und her. »Aufgewacht! Wir waren verabredet. Vergessen, ja?«

»Vergessen nicht«, erwidert er verlegen und küsst sie auf die Wange – kein Gedanke an die stürmischen Begrüßungen, mit denen er sie sonst überfällt! »Aber ich dachte – der Schnee – und überhaupt das Wetter – ich dachte, du kommst nicht …«

»Als der Schnee anfing, da war ich schon unterwegs, du Erfinder!«, sagt sie spöttisch. »Sollte ich da gleich umkehren? Übrigens, ich werd dich nicht länger stören.«

Sie dreht sich um und will gehen, aber da ist er denn doch bei ihr, legt von hinten die Arme um sie, zieht sie an sich.

»Luise! Nicht böse sein!«

Sie versucht sich zu befreien, aber er hält sie fest.

»Du bist ein Stiesel, Herr Glücksmann!«

»Und du bist ganz nass!«

Nun muss sie lachen. »Dann lass mich doch los!«

»Nein, mach ich nicht!«

Es ist eine ihrer üblichen kleinen Rangeleien. Als es ihr schließlich gelingt, sich aus seinen Armen freizumachen, sind sein Hemd und sein Haar fast genauso feucht wie ihre Sachen.

»Komm, wir gehen runter ins Kontor!«, bietet er an. »Da ist es wenigstens warm.« Er löscht die Lötflamme. Ja, es stimmt, es ist kalt hier in der Kammer. Trotzdem hat er ohne Jacke gesessen über seinen Tüfteleien.

»Nun bin ich schon mal hier«, sagt sie. »Nun kannst du mir auch erklären, was du da machst.«

Sie nimmt ihre Kappe ab, schüttelt die verbliebene Nässe ab, fährt mit den Fingern durchs Haar.

Bertram fasst sie bei der Hand und zieht sie näher an seinen Arbeitstisch.

»Es geht um Fernsprechgeräte!«, erklärt er eifrig.

»Nicht mehr um diese … diese Transformatoren?«

»Das hast du dir gemerkt? Nein, nicht mehr um Transformatoren. Das waren alles nur Vorstufen. Jetzt arbeite ich an diesen Telefonen.«

»Was ist das eigentlich so genau?«

»Aber Mädchen, die gibt's in Berlin seit über fünfzehn Jahren! Mehr als achthundertvierzig Anschlüsse.«

»Klar, bei der Regierung vielleicht und dem Polizeipräsidium.«

»Und bei den großen Banken und Fabriken, richtig. Aber, Luise, das ist der Nachrichtenübermittler der Zukunft! Stell dir vor, du sitzt in deinem Zimmer am Arbeitstisch, neben dir das Gerät, es klingelt, du drehst die Kurbel, und, voilà, schon spreche ich mit meinem Geschäftspartner am anderen Ende der Stadt. Oder aus einer anderen Stadt, einem anderen Land! Ja, sogar Verbindungen nach Amerika werden möglich sein, über den weiten Atlantik!«

Bertram glüht vor Eifer. Er macht Luise Spaß.

»Also erstens«, sagt sie, »hab ich kein Zimmer und erst recht keinen Arbeitstisch, und von Geschäftspartnern mal abgesehen …«, aber Bertram fällt ihr ins Wort. Offenbar fehlt ihm völlig das Verständnis für andere, wenn es um sein Steckenpferd geht. »Der einzige Nachteil an dem Ding ist, dass man diesen Trichter sowohl zum Hören als auch zum Sprechen benutzt. Also immer hin und her, Mund – Ohr, Ohr – Mund. Siehst du, und daran arbeite ich. Ich versuche, etwas zu finden, wo man gleichzeitig hören und sprechen kann.«

Er zeigt auf irgendwelche Teile, auf deren Funktion oder Bedeutung sich seine Freundin natürlich keinen Reim machen kann, und Luise nickt beeindruckt, weniger von der Sache, als von seiner Begeisterung.

»Aufregend, Bertram. Aber mir wird trotzdem kalt.«

Er legt den Arm um sie und führt sie die Stiege hinunter. Die Hunde kriegen auch was mit und poltern ihnen hinterher.

»Und was sagt dein Vater dazu?«

»Das ist es ja, Luiseken. Er will von dem ganzen Zeug nichts wissen. Hält es für alberne Spintisierereien. Sein Sohn soll studieren, Jura am besten. Als wenn mich das interessiert! Das ganze humanistische Gymnasium mit seinem Latein und

Griechisch interessiert mich nicht das Schwarze unterm Fingernagel. Das ist 'ne einzige Schinderei für mich. Auf 'ner Realschule wäre ich viel besser aufgehoben. aber davon will er ja nichts wissen!«

Bertram seufzt abgrundtief, und beinah tut er Luise Leid. Aber nur beinah. Solche Sorgen müsste sie sich auch mal machen können!

Sie sind inzwischen im Kontor, und Luise hängt ihr nasses Zeug in die Nähe des Ofens.

»Was ist nun mit der Ausfahrt?«, erkundigt sich ihr Freund. Luise lächelt in sich hinein. Scheint, als wenn er den Schnitzer von vorhin wieder gutmachen will.

»Nee, lass man«, sagt sie. »Meine Klamotten sind so feucht, und draußen im Tiergarten ist sowieso kein Bein mehr, bei dem Wetter.« Sie hält seine Augen mit den ihren fest. »Mir ging's ja nicht ums Ausfahren. Mir ging's ums Gesehenwerden. Durch den leeren Tiergarten müssen wir nicht fahren.«

»Bleiben wir eben hier«, schnurrt Bertram. Er beginnt, ihren Nacken zu streicheln. Das Spezielle ihrer Bemerkung scheint er geflissentlich zu überhören.

Sie fasst nach.

»Aber aufgeschoben ist nicht aufgehoben!«

»Luise, weißt du was? Ich hab eine Idee. Wenn erst richtig Schnee liegt, borgen wir uns einen Schlitten. Da macht die Sache doppelt Spaß.«

»Kost' ja Geld!«, merkt Luise an und lehnt sich sanft gegen ihn. Bertram zuckt die Achseln. »Na und? Mein Vater hat genug.«

Eine sehr befriedigende Auskunft. Trotzdem hätte es Luise manchmal einfach gern genauer. »Womit verdient er eigentlich sein Geld, dein alter Herr?«

»Keine Ahnung«, murmelt Bertram an ihrem Nacken und fährt mit den Lippen zum Ohr hoch. »Ich glaube, er spekuliert an der Börse. Eben irgendwelche Geschäfte.«

Zu weiteren Gesprächen sind sie nun beide nicht mehr aufgelegt. Sie haben zu tun. –

Kein gutes Zeichen, wenn einen der Vater durch den Hausdiener zu sich bestellt! Bertram denkt an die Markstücke, die schon alle aus dem offenen Schreibtischfach in seine Hosentasche gewandert sind …

Aber dann sieht er, dass auch seine Schwester beim Vater ist. Da muss es sich wohl um was anderes handeln. Bernadette, Papas Liebling, sitzt auf Vaters Sessellehne.

Bertram kennt eine Daguerreotypie, ein fotografisches Bild von der Mutter. Das war vor zehn Jahren. Da sah sie fast so aus wie Bernadette heute, bloß mit bisschen mehr Fleisch auf den Knochen. Vielleicht mag der Papa die Tochter deshalb so gern. Was ihn, Bertram, selbst angeht – er findet sie furchtbar zickig. Bruder und Schwester waren schon als Kind wie Hund und Katz.

»Setz dich neben uns«, sagt Walther Glücksmann. »Deine Schwester hat etwas gesehen, was sie mir unbedingt erzählen musste, und nun sollten wir vielleicht gemeinsam darüber reden.«

Hm. So furchtbar ernst hört sich das nun auch wieder nicht an.

Glücksmann hat das Monokel im Auge, und damit versteht er umzugehen. Die Art und Weise, wie das Glas blitzt und reflektiert und keinen Durchblick auf das Auge gestattet – Bertram kennt das. Der Alte amüsiert sich heimlich. Über wen, das wird man ja wohl noch rauskriegen.

»Also, Dette, dann leg mal los!«, sagt Glücksmann und legt den Arm um seine Tochter.

Das Mädchen windet sich. »Aber Papa, ich hab dir doch eben ...«

»Ja, mir! Aber darum weiß doch Bertram noch nicht, worum es geht! Also los, keine falsche Scham, mein Mäuseken.«

»Na gut«, sagt Bernadette. Sie hat die Augen niedergeschlagen. »Ich dachte einfach, Papa muss es wissen. Schließlich hat es ja was mit dir zu tun. Also, ich war mit Mama Einkäufe machen. Schließlich brauchen wir alle was anzuziehen, wenn Papa nächste Woche die Damensoiree gibt. Wir waren bei *Lyon*. Und da haben wir beide gesehen, dass sich dies Mädchen, diese Luise, ein Kleid gekauft hat. Wir wissen ja, dass du mit dieser Luise in die Tanzstunde gehst.«

Sie bricht ab und schlägt wieder die Augen nieder. Olle Duckmäuserin. Worauf will sie bloß hinaus?

»Luise ist meine Tanzstundendame«, sagt er, so unbefangen es nur geht. »Wir sind die Besten im Kurs. Bis vor kurzem sah es so aus, als wenn sie nicht zum Ball kommen könnte, weil sie kein Kleid hatte. Aber nun hat es doch noch geklappt. Wir werden die Polonaise anführen, Papa! Und bei jedem Tanz dürfen wir die Ersten auf der Fläche sein. Ich freue mich schon so!«

»Ich glaube, Bertram, das ist nicht der springende Punkt in den Ausführungen deiner Schwester«, sagt Glücksmann mit milder Ironie. »Ich sehe, Bertram versteht es auf Anhieb genauso wenig wie ich, Dette. Aber wie mir, wirst du es auch ihm erklären.«

Bernadette sieht weiter vor sich hin. »Es geht darum«, sagt sie, und es kommt etwas Schrilles in ihre Stimme, »dass sie bei *Lyon* gekauft hat.«

»Lyon«, mischt sich der Vater ein, »ist, wenn ich das recht verstanden habe, ein Kaufhaus an der oberen Grenze zur Privatschneiderei. Etwas Exquisites. Etwas, was sich das Mädchen Luise nach der Meinung deiner Schwester und zweifellos auch deiner Mutter niemals im Leben hätte leisten können. Und für sie erhebt sich nun die bange Frage, woher das Mädchen aus dem Hinterhof so viel Geld hat. Gut, ganz so bang ist die Frage bei mir nicht. Aber eine Frage, Bertram, ist sie für mich auch schon. Reicht denn dein Taschengeld für dergleichen?«

»Luise nimmt keinen Pfennig von mir!«, ruft Bertram mit Überzeugung. »Sie hat es sich durch Weißnähen verdient!«

»Weißnähen!«, sagt Glücksmann, und nun klingt es zynisch. »Ich habe keine Ahnung, wie gut man mit Weißnähen verdient, aber wenn es so horrend wäre, möchte ich wissen, warum eure Mutter dann letzten Endes bei mir geblieben ist.«

»Papa!«

Glücksmann beginnt zu lachen. »Oh Verzeihung. Ich hatte euer Alter vergessen. Nun, gut oder schlecht – die Damen der Familie fragten sich, wo das Geld herstammt, und ich reiche diese Frage einfach weiter.«

»Ein Kleid in Crème und Flamingorosa, und sie ließ noch Änderungen vornehmen, weil sie es in der Taille enger wollte, und die Spitze an ...«

»Bernadette! Reiß dich zusammen!«, fährt der Vater sie an. »Es ist gut, hörst du? Die Details interessieren keinen. Es geht nicht um diesen Fummel. Es geht um deinen Bruder. Und um die Frage, ob er dieses Mädchen aushält. Alles andere erscheint mir weniger wichtig.«

»Papa!« Bertram hat einen Kloß im Hals. »Woher sollte ich denn das Geld nehmen?«

Walther Glücksmann mustert seinen Sohn abschätzend. Er hat die Augen schmal gekniffen, und das Einglas funkelt fast bedrohlich. Bertram ist mulmig zumute. So ein dummer Zufall – die Weiber sehen Luise beim Einkaufen – und seine Griffe in Vaters Kasse ... Er ist richtig wütend auf Luise, obwohl sie ja nichts dafür kann.

Aber zum Glück lenkt Bernadette das Gespräch in eine andere Richtung.

»Das kommt alles nur davon, dass du in diese zweitklassige Tanzschule gehen musstest!«, fährt sie den Bruder an. »Da trifft sich eben Krethi und Plethi. Koofmichs und Beamtenseelen schicken ihre Kinder da hin, und nun sogar die Hausmeister!«

»He, Mamsellchen!« Glücksmann schiebt die Tochter energisch von der Lehne des Sessels und baut sie vor sich auf. »Ich sehe, du hast was vergessen! Fräulein Bernadette Glücksmann war im vorigen Winter in der Tanzstunde. In der allerbesten, wo die Zöglinge von Baronen gutes Benehmen lernen. Und Fräulein Bernadette Glücksmann war in dieser Tanzstunde das Mauerblümchen, das von keinem Jungen aufgefordert und von keinem Mädchen angesprochen wurde. Und das nicht etwa, weil sie nicht hübsch genug war oder nicht gut genug tanzte oder keine schönen Kleider hatte. Sondern weil sie Bernadette Glücksmann war, die Tochter eines Mannes, dessen Urgroßvater Sohn eines Rabbiners war und sich dann taufen ließ, und ihre Mutter –«

Bernadette ist rot geworden. Sie presst die Lippen aufeinander, und Bertram sieht, dass die Augen der Schwester voller Tränen stehen. Auf einmal tut sie ihm Leid. Mit so einem Gesicht kam sie jedes Mal von ihrer Tanzstunde nach Hause; wieder eine Demütigung mehr. Ging in ihr Zimmer, knallte die Tür, stürzte sich auf ihr Piano und klimperte los.

Arme Kleine. Der Vater sollte sie nicht daran erinnern. Das ist grausam. Er legt ihr den Arm um die Schulter. Das heikle Thema ist ja Gott sei Dank vom Tisch.

»Komm, Dette«, sagt er friedlich. »Wir sollten Papa wirklich nicht mit so was belästigen. Er hat bestimmt zu tun.«

Er umfasst die Schulter der Weinenden, um sie mit hinauszunehmen, und zur gleichen Zeit fragt er sich, was genau sein Vater eigentlich zu tun hat – Zeitung lesen? Champagner trinken? Na, Hauptsache, es ist für ihn gut abgegangen.

Als sie auf der Diele sind, macht Bernadette sich los. Sie funkelt den Bruder wütend an.

»Alles wegen dir!«, zischt sie. »Da muss ich mir das von Papa anhören!«

»He, Schwesterchen! Du bist doch petzen gegangen!«

»Das war gut gemeint! Und wenn ich du wäre, würde ich mir wirklich mal überlegen, woher deine Hinterhofprinzessin so viel Geld hat. Papa hat Recht. Mutter weiß genau, was man mit Weißnähen verdient. Jedenfalls nicht genug für so ein Kleid.«

Und weg ist sie. Bertram holt tief Luft. Sie ist und bleibt ein kleines Ekel.

Aber es stimmt. Woher hat Luise so viel Geld?

3. Feste feiern

Seit Luise ihre Malersitzungen hat, ist es viel einfacher, sich mit Bertram zu verständigen. Die Köchin, Frau Lehnert, eine robuste, Schlesisch sprechende Person, übermittelt für ein paar Groschen ihre Botschaften.

Wenn die Köchin zu den Drecklöchern im zweiten Hinterhof kommt, kann Luise das sehen. Dann greift sie schnell den Aschenkasten aus dem Herd und rennt raus, ob Frau Lehnert vielleicht was für sie hat.

Frau Lehnert hat. Aus ihrer Schürzentasche wandert ein Zettelchen in Luises Hand und von da in deren Schürzentasche.

Luise bedankt sich. Auf den Stufen, die zum Souterrain herunterführen, reißt sie Bertrams Briefchen auf, voller Ungeduld.

»Liebste Luise«, steht da geschrieben, »am Weihnachtsabend, wenn die Glocken zur ersten Christvesper läuten, sind sie alle beschäftigt. Dann treff ich dich im Durchgang vom Vorderhaus mit meinem Geschenk. In Liebe Bertram.«

Luise stößt die Küchentür mit Schwung auf und summt zum Erstaunen ihrer Schwestern ein Liedchen, und sie erklärt der Mutter, dass sie ein paar Weihnachtseinkäufe für die Familie machen will, ja, von ihrem selbst verdienten Geld.

So werden sie den Abend denn ein paar Tannenzweige auf dem Tisch haben und Bratäpfel in der Röhre, Stearinlichter und Zuckerwerk und einen Hackbraten mit Kartoffeln. Hackbraten kann Mutter Anna ganz gut.

Dann will sich Luise noch mal auf den Weg machen. Kleinigkeit für Bertram besorgen. Markwart hat ihr eine Brosche in Form einer kleinen Emaillepalette mit einer Perle darauf geschenkt. Was soll ihr das? Sie bringt das Ding zum Trödler und verkauft es. Bestimmt unter Wert, aber was soll's. Handelt dafür ein paar Perlmutt-Manschettenknöpfe für ihren Besten ein. Sie werden ja bei Glücksmanns nicht solchen Überblick über die Manschettenknöpfe haben, nimmt sie an.

Draußen läuten die Glocken von der großen neuen Kirche, die voriges Jahr fertig geworden ist, mitten im Sand und in den Baustellen. Erste Christvesper. Es wird schon dämmrig. Sie muss sich beeilen.

Als sie in die Toreinfahrt kommt, sieht sie am Durchgang zum ersten Hinterhof zwei eng aneinander gedrückte Schatten. Irgendein Liebespaar. Und dann hört sie eine ihr sehr bekannte Stimme : »Oh Mann Paule, det tut jut …«

Agnes. Gar kein Zweifel. Agnes. An die Wand gedrückt, den Rock hoch bis über die Knie, und irgendeiner beugt sich über sie und hat die Hände in ihrer Bluse. Rumtreiberin.

Luise schießt das Blut zu Kopfe. »Was is 'n hier los?«, fragt sie scharf.

Die beiden fahren auseinander. Der Emmes verdrückt sich, haste was kannste Richtung Hinterhof. Lässt sich gar nicht erst auf ein Palaver ein. Agnes kichert verlegen und atemlos. Knöpft sich zu. »Nischt Besonderes!«, erklärt sie.

»So«, fährt Luise auf und verfällt ins Berlinische. »Nischt Besonderes … Nischt Besonderes? Wenn ick det Vattern erzähle, det du hier am Heiligabend mit 'nem Kerl rumpoussierst, da kannste aber ›Vom Himmel hoch‹ singen! Du schamloses Luder! Scher dich zu Mutter, sonst kriegste von mir ’n paar hinter die Ohren!«

Agnes murrt. »Nu man sachte. Wat du machst, det …«

Die Schwester fackelt nicht lange. Rechts und links kriegt Agnes hinter die Ohren. »Untersteh dich und red über meine Sachen!«

Agnes verzieht sich, und Luise hört sie vor sich hin brummeln. »Irgendwann hau ick zurück!«

Die soll sich bloß verdrücken und ihr nicht den Abend versauen. Feine Familie. Feine Weihnachten. –

Aber dann.

Bertram öffnet vorsichtig die Tür der ersten Etage und kommt die rot ausgelegten Stufen herunter zu ihr, Bertram, so pünktlich wie die Post und so strahlend und voller Freude wie ein Christengel, in einem Samtanzug und mit wehenden Locken und überhaupt der Schönste von der Welt. Ihm folgt ein Duftschwall von Braten und das Brausen von Bernadettes Klavier mit »Tochter Zion, freue dich« in vollen Akkorden, und sie liegt in seinen Armen.

»So«, sagt er zwischen zwei Küssen. »Die sind beschäftigt. Wenn Dette mit dem Geklimper fertig ist, stürzen sie sich wie die Geier auf die Geschenke und probieren an – ich meine die Frauenzimmer. Papa ist schon beim Champagner. Fröhliche Weihnachten, Luise! Und ich hab was für dich.«

Er kramt in seiner Rocktasche, und an der Art, wie er zur Seite blickt, merkt sie, dass er auf einmal schrecklich verlegen ist.

»Ich wollte – also, ich hab mir gedacht – wo ist es denn? Ach, hier.«

Er zieht aus seiner Hose ein Taschentuch, in das irgendetwas eingeknotet ist. »Ich dachte, weil doch Weihnachten ist – wir sollten es vielleicht mal fest machen.« Er schluckt. »Ich möchte dich fragen, ob du dich heute mit mir verloben willst. So, nun ist es draußen.«

Luise bleibt die Sprache weg. Ein wilder Jubel steigt in ihrer Kehle auf. Oh Bertram Glücksmann, mein Herzensschatz, mein Retter aus dem Elend des Hinterhofs.

Bertram knüppert an seinem Taschentuch herum, und endlich hat er es auf und holt doch wirklich und wahrhaftig zwei schmale goldene Ringe raus. »Ich wusste nicht so richtig, ob er auf deinen Finger passt, aber zunächst müssen wir es ja wohl noch ein bisschen geheim halten, oder du zumindest – da ist es ja nicht so schlimm, wenn er ein wenig zu weit sein sollte. Wenn du willst, wenn du überhaupt willst.«

»Red nicht so viel«, sagt sie leise. Er sieht sie endlich an.

»Hier.« Sie streckt ihre linke Hand aus und er, ziemlich zittrig, schiebt den Ring über ihren Finger. Tritt zurück und sagt ernst: »Jetzt bist du meine Braut.«

Sie sehen sich in die Augen, und dann, wie auf Verabredung, fangen sie beide an zu lachen, lachen, bis ihnen die Tränen in die Augen schießen.

»Das war eine verdammt gute Idee von dir, Herr Glücksmann«, sagt Luise atemlos. »Und das beste Weihnachtsgeschenk, das ich in meinem ganzen Leben gekriegt habe.«

»Ja«, erwidert er. »Das finde ich auch. Ich meine, auch für mich.« Und dann müssen sie noch einmal losprusten.

In der Beletage wird die Klingel gerührt.

»Ich muss los, Luise. Die suchen mich. Ich denke, ich muss es ihnen ein bisschen schonend beibringen. Aber ich denke, nächstes Jahr sitzt du mit mir da drinnen am Tisch.«

Er beugt sich vor, um sie zu küssen – nicht wild und fordernd, wie sonst immer, sondern zart, beinah feierlich. Dann ist er fort.

Luise lehnt an der Wand, weil ihr tatsächlich schwindlig ist. Sie muss die Augen zumachen.

»Du großer dummer Junge«, murmelt sie.

Und dann fällt ihr ein, dass sie ihre Manschettenknöpfe total vergessen hat. Na, wenn schon. Sie dreht die Hand mit dem Ring und lässt ihn im Licht der Gaslampen des Entrees blitzen, ehe sie ihn vom Finger streift und in die Tasche steckt. So, und nun zurück in den Hinterhof.

Später, als die Mädchen schon im Bett liegen, greift der Vater natürlich noch mal Hut und Stock, um in die Destille zu gehn. Luise und die Mutter atmen auf. Wenn er zurückkommt, haut er sich aufs Ohr. Für heute ist Ruhe.

Die Mutter sitzt am Tisch bei ihrem Kaffee, echtem Bohnenkaffee, Luise hat ein Spitztütchen voll mitgebracht. Das Licht der Petroleumlampe fällt auf Annas schütteres Haar, ihr vergrämtes, unansehnliches Gesicht – die langen Nasen haben Hedwig und Lina von ihr – und ihre Hände. Diese Hände mit den dick angeschwollenen Gelenken, rot und aufgedunsen vom Panschen im heißen und kalten Wasser. Jeden Tag. Auch heute. Noch vor ein paar Stunden hat sie zwei Aufträge fertig machen müssen, irgendwelche Beamtenfrauen, die nicht bis nach Weihnachten warten konnten – so viel Tafelwäsche und Bettzeug haben sie nicht. Luise setzt sich mit an den Tisch, gießt sich auch einen Kaffee ein. Kein Vergleich zu dem, was sie bei Markwart zu trinken bekommt. Viel zu dünn.

Sie befühlt den Ring in ihrer Tasche. Nächstes Jahr sitz ich nicht mehr hier.

Mutter Sander ist eine wortkarge Frau. Eigentlich sagt sie nur das Nötigste, das, was gesagt werden muss, damit die Arbeit getan wird und alles seinen Gang geht. Luise hat schon erlebt, dass die Mutter einen Tag lang nicht mehr als drei oder vier Sätze gesagt hat, und wenn es ihr »passiert« ist, wenn sie getrunken hat, redet sie am nächsten Morgen gleich gar kein Wort. Aber heute Abend, es mag an dem ungewohnten echten Kaffee liegen, ist sie für ihre Verhältnisse direkt gesprächig.

»Wär schön, wenn's immer so wär, wat Luiseken? So friedlich. Und so, det man nich immer jeden Groschen dreimal umdrehn muss.« Sie seufzt. Dann legt sie ihre kaputt gearbeitete Hand auf die Luises. »Jeht's dir wenigstens jut, Meechen? Läuft det mit de Tanzstunde un de Näherei?« Sie senkt die Stimme. »Haste eenen jefunden?«

Wenn sie schon fragt … Luise zögert. Aber die Gelegenheit ist gut.

»Hab mich heute verlobt. Gerade vorhin.«

»Vorhin?«, sagt die Frau argwöhnisch. »Als du Einkäufe jemacht hast, oder wann?«

Luise lacht leise. »Nee, Mutter. Als ich noch mal kurz weg war. Kein weiter Weg. Ganz in der Nähe. Vorderhaus, Mutter.«

Anna Sander entzieht ihr die Hand. Setzt sich gerade hin. »Jetzt wirste mir hoffentlich nicht sagen, det das der Judenbengel aus de Beletage ist«, bemerkt sie gedehnt.

»Bertram Glücksmann aus 'm Vorderhaus. Und Juden sind die schon lange nicht mehr, Mutter. Da hat sich schon der Großvater taufen lassen.«

Anna Sander redet langsam und betont jedes Wort.

»Wenn du dich mit denen einlässt, dann brauchste dich hier nicht mehr sehen zu lassen, nur damit du das weißt.«

Es ist, wie wenn man behaglich in einer warmen Stube sitzt, und auf einmal reißt wer die Tür auf, sodass ein Schwall eisiger Luft hereinkommt. Fassungslos hebt sie den Blick und starrt ihre Mutter an. Die sitzt stocksteif, die Hände zu Fäusten geballt, und auf ihren Wangen sind rote Flecke, wie damals, als sie die Lungenentzündung hatte.

»Das kann doch nicht dein Ernst sein, Mutter. Bloß weil die irgendwann mal Juden waren …«

»Det würde schon reichen. Aber die in der Beletage sind Hurenkinder. Keine anständigen Leute.«

Jetzt sitzt auch Luise aufrecht und mit durchgedrücktem Kreuz da wie die Mutter, den Kopf erhoben, kampfbereit. Warum musste sie der Mutter von der Verlobung erzählen. Sie könnte sich selbst verwünschen.

»Das wirst du mir wohl denn doch genauer erklären müssen«, sagt sie drohend.

Anna Sander lächelt verächtlich.

»Wenn de druff bestehst«, bemerkt sie. »Wir sind gleichaltrig, die fette Wachtel da vorne und ick, ooch wenn's nich so aussieht.«

»Meinst du Finette Glücksmann?«

»Finette! Damals hat sie noch Veijele jeheißen und kam«, sagt sie in ihrem Berlinisch, »jeradewegs aus Galizien, so 'ne junge Judenschickse, arm wie 'ne Maus. Konnte nicht mal richtig reden, nur det Gemauschel. Hübsch war se, und eine anständige Naht konnte se ooch machen, aber det war ooch schon alles. Wir waren zusammen im Dienst, Luise. Bei dem alten Samuel Glücksmann. Se als Nähmädchen und ick in de Wäschekammer. Und denn hat ihr der junge Herr Walther nachjestellt. Erst hat se sich jeziert, aber det hat nich lange vorjehalten. Nich bei der. Irjendwann is se von dem Kerl schwanger jeworden. Ick hatte da jerade Sander kennen jelernt und konnte richtig heiraten, mit Kranz und Schleier und so. Jungfrau war ick ooch noch. Ick wollte se sojar noch zu meene Hochzeit einladen, ooch wenn se da schon den Bankert hatte, den Bertram. Aber se hat bloß jelacht. Se hat zu mir jesagt, in ihrem Gejiddel hat se jesagt: ›Was willste, Annaleben, hat die eine den Emmes, hat die andre den Massel.‹

Massel, det soll Jlück heißen in ihre Sprache. Und se hatte den Massel. Und det hat ja auch jestimmt. Wir konnten Hausmeesters werden, und ick konnt die Wäsche von andere Leute schrubben, und die Hure hat da jesessen wie de Made im Speck. Bloß eens, det kann se nie: so wat wie ehrbar werden. Se nicht und ihre Bälger ooch nich, ooch wenn er se denn irjendwann jeheiratet hat, als de beeden Jören schon fast erwachsen waren. Aber Veijele Glücksmann is und bleibt 'ne Hure. Und ick bin zwar 'n armet Luder und schinder wie 'ne Kaputte, aber ick bin 'ne anständije Frau. Und eh ick zulasse, dass meine älteste Tochter den Hurensohn heiratet, da jag ick se aus 'm Haus.«

Anna Sander atmet keuchend nach der wahrscheinlich längsten Rede ihres Lebens. Luise betrachtet sie kalt. Das bisschen Gemeinsamkeit, das sie vorhin hatten über ihren Kaffeetassen, ist hin und weg, verloschen wie die paar Kerzen unter den Tannenzweigen. Hätt ich bloß nicht den Mund aufgetan. Sie sagt auch jetzt nichts. Aber sie sitzt da, so gespannt wie ein Bogen.

Der Kopf ihrer Mutter sinkt tiefer. Sie scheint ihre ganze Kraft aufgebraucht zu haben. »Det muss uns passieren«, murmelt sie. »Ausjerechnet det.« Ihr Gesicht ist verfallen und müde. »Den schlag dir aus 'm Kopf«, sagt sie. »Verlobung! Wat denn noch! Ick werd et Vater sagen.«

»Ach, du?«, entgegnet Luise, und es kommt schärfer als sie wollte. »Du sagst ihm das? Mach dir nur keine Gedanken. Wenn's so weit ist, sag ich es ihm selbst.«

»Wenn wat so weit ist? Det du zu ihm int Bett steigst, wie die schöne Veijele zu dem jungen Herrn Walther?«

Luise ist die Röte ins Gesicht gestiegen.

»Nun reicht's aber, Mutter«, sagt sie scharf. »Für wie dumm hältst du mich eigentlich?«

Noch einmal hebt Anna Sander die entzündeten Augenlider und sieht ihre Tochter an. »Ick halt dir für sehr klug. Manchmal für bissken zu klug. Pass bloß uff, det dir de Klugheit keen Streich spielt.«

Sie steht auf und schlurft davon Richtung Ehebett.

Luise starrt ihr nach und presst die Faust fest um ihren Ring.

Bertram hat es nicht gewollt. Nein. Er wollte Luise wirklich nicht nachspionieren. Es war der reinste Zufall. Er war in der Gegend vom Rosenthaler Platz, weil er sich von einem Klassenkameraden die Lateinarbeit abgeholt hatte – man muss ja nicht alles allein machen, wenn man es für ein paar Groschen geliefert kriegt. Eine junge Frau stieg in die Pferdebahn Richtung Wedding ein, das war Luise und das war sie nicht. Bertram meint die Haltung zu erkennen, die Art, wie der Griff angefasst wird, die Figur, die Bewegungen. Aber die junge Frau trägt ein dunkles Cape, das er noch nie an Luise gesehen hat, und vor allen Dingen ist sie tief verschleiert. Sieht aus wie eine trauernde Witwe. Hut bis in die Stirn und den Schleier dicht darumgebunden. Nein, das kann nicht seine Luise sein. Aber dann sieht er den Muff, aus dem das kleine Portmonee gezückt wird, und der ist Luises Muff, so wahr er lebt. Der Muff mit der braunen Kordel und dem Knoten an der Seite. Warum hat sie sich verkleidet?

Auf einmal ist der Argwohn da. Bernadette im Flur, Tränen in den Augen: »Da würde ich mich doch mal fragen, wieso deine Hinterhofprinzessin so viel Geld hat …«

Die Pferde ziehen schon an, da springt er hinten auf den Wagen.

Er muss nicht befürchten, dass sie ihn sieht. Sie hat ihm den Rücken zugedreht. Außerdem ist die Bahn um diese Zeit überfüllt. Viel Volk, das tagsüber in der Innenstadt sein Brot verdient, fährt jetzt nach Haus in die Mietskasernen von Nordost – wie die Berliner sagen. Bertram ist froh, dass er draußen steht, auch wenn ihm die Kälte durch die Sachen kriecht. Da drin stinkt es nach ungewaschenen Arbeitsleuten.

Während der Fahrt verliert er sie immer mal wieder aus den Augen und fürchtet schon, dass sie, von ihm unbemerkt, ausgestiegen ist, aber dann sieht er doch wieder den Hut und diesen alles verhüllenden Schleier.

Sie steigt an der Endhaltestelle aus, und Bertram folgt ihr in gewisser Entfernung. Sie geht schnell, dreht sich nicht um. Ist sie es wirklich? Immer wieder kommen ihm Zweifel. Aber das ist ihr Gang, forsch, mit kleinen energischen Schritten. Was will sie hier draußen? Bertram war noch nie hier, aber das ist keine gute Gegend. Hier sagen sich Fuchs und Hase Gute Nacht. Als er sie gefragt hat, wo sie Weißnähen geht, hat sie gesagt: Westend. Westend ist das hier nicht.

Die Seitenstraßen sind nicht einmal gepflastert, und immer häufiger weichen die Mietshäuser niederen Kossätenbuden. Viel Gärten ringsum, auch ein alter aufgelassener Friedhof mit vielen Bäumen. Baugrund. Und dann wieder, wie das so ist in Berlin, ein paar einzeln stehende Vierstöcker mit Stuck und Balkonen, Schmiedeeisen das Geländer, Marmor am Aufgang. Luxusquartiere.

Das Hütchen mit dem Schleier und der große Umhang verschwinden in einem dieser Häuser.

Als Bertram ebenfalls den Hausflur betritt, sieht er gerade den Korb eines Fahrstuhls nach oben entschwinden. Einen

Fahrstuhl haben sie nicht mal im Haus, wo Glücksmanns wohnen. Er steht und starrt nach oben, lehnt sich an das Marmorpaneel und weiß nicht ganz sicher, ob er das alles nicht bloß träumt. Und dann hält der Lift, die Tür schlägt zu, eine Klingel geht und eine Männerstimme sagt gleich darauf: »Du bist spät dran, Luise.«

Luise. Es ist also Luise.

Erst ist er drauf und dran, die Treppen hochzustürzen und da oben an der Tür, durch die sie verschwunden sein muss, Sturm zu klingeln. Aber im letzten Moment hält er sich zurück. Vor seinen Augen verschwimmt alles. Er zwingt sich zur Ruhe, studiert die polierte Messing-Namentafel an der Wand. Für die oberste Etage steht da: *Prof. Otto Markwart, Kunstmaler.*

Bertram muss sich auf die Treppenstufen setzen. Markwart, natürlich. Der Modemaler, dessen nackte Mädchen jetzt in so vielen Salons hängen, immer mit historischen oder mythologischen Themen. Braune Mädchen, blonde Mädchen …Wollte nicht der Vater auch schon mal so einen Schinken für sein Herrenzimmer bestellen?

Bertram muss sich setzen. Er setzt sich auf die Treppenstufen in diesem fremden vornehmen Haus in NO und stützt den Kopf in beide Hände.

Und so findet ihn Luise, als sie nach fast zwei Stunden den Fahrstuhl verlässt. Sie schreit leise auf. »Bertram! Hast du mich erschreckt! Was machst du hier, um Gottes willen?«

Er sieht nicht hoch. »Das wollte ich dich auch fragen«, sagt er tonlos.

Einen Augenblick steht sie vor ihm, dann nimmt sie entschlossen neben ihm Platz auf der Treppe. Ihr Schleierhütchen hält sie in der Hand, und da sie nun so dicht neben ihm hockt, sieht er aus dem Augenwinkel, dass an ihrem Finger der Ring steckt, den er ihr Weihnachten gegeben hat. Der Verlobungsring. Das bringt ihn um den letzten Rest von Fassung.

»Das ist also deine Ansicht von einer Verlobung«, sagt er mit erstickter Stimme. »Dass man seinen Bräutigam schon vor der Ehe betrügt.«

Luise packt zu wie ein Habichtweibchen, das sich auf die Beute stürzt. Sie greift in Bertrams lockiges Haar und zieht seinen Kopf nach hinten. »Bist du völlig verrückt geworden, Herr Glücksmann?«, fragt sie scharf. »Noch eine solche Bemerkung, und du siehst mich nie wieder! Glaubst du im Ernst, ich würde mich hier mit einem Liebhaber treffen? Du bist ein bodenloser Esel!«

Er macht sich mit einem Ruck des Kopfes frei. »Angriff ist die beste Verteidigung, nicht wahr?«, bemerkt er, ohne sie anzusehen. »Du gehst doch zu diesem Maler, und nicht erst seit heute, oder?«

»Nein, nicht erst seit heute. Ich arbeite hier, wenn du es denn genau wissen willst.«

»Ja, ich will es genau wissen. Ich denke, ich habe ein Recht darauf.«

Luise hat den Kopf gesenkt. »Ja, hast du«, sagt sie dann. »Ich hab mir nur gedacht, du verstehst es vielleicht nicht. Und da wollte ich uns verschonen. Es ist sowieso bald vorbei.«

»Was ist vorbei?«

»Die Arbeit hier.«

»Willst du mir nicht endlich sagen, was für eine Arbeit das ist? Putzt du ihm die Bude oder stickst du ihm Röschen auf die Sofakissen?«

»Nein«, erwidert Luise und dreht ihm den Kopf zu, damit er ihr in die Augen schauen kann – aber er erwidert den Blick nicht. »Nein, Bertram. Ich stehe ihm Modell.«

»Du sitzt da in der Wohnung rum und lässt dich abmalen?«

»Ich sitze da nicht, jedenfalls nicht, wie du dir das vorstellst. Ich muss eine bestimmte Pose einnehmen und sie die ganze Zeit halten. Ich sage dir doch, es ist Arbeit. Keine leichte Arbeit, aber gut bezahlt. Darum mach ich es ja. Oder denkst du, ich könnte mir wirklich vom Lakensäumen ein Tanzkleid kaufen? Du hast wirklich keine Ahnung.«

Schweigen. Dann sagt der junge Mann: »Mag sein, dass ich keine Ahnung habe, aber ich kenne die Bilder von Professor Markwart. Jedenfalls ein paar davon.«

»Ja, wirklich?«

»Wirklich. Sie hängen in den Herrenzimmern. Die Frauen auf den Bildern haben alle nichts an.«

»Er malt nur meinen Rücken.«

»Er malt deinen Rücken. So. Er malt deinen nackten Rücken. Du ziehst dich aus, damit er deinen Rücken malen kann. Meine Verlobte zieht sich aus, damit ein fremder Kerl ihren nackten Rücken sieht.«

»Red nicht so hochtrabend daher! ›Meine Verlobte zieht sich aus …‹ Wann hast du dich denn schon mal zu dieser Verlobung bekannt? Trägst du deinen Ring irgendwann woanders als in der Westentasche? Hast du deiner Familie was gesagt?«

»Du etwa?«

»Ja. Meiner Mutter. Der bist du nicht gut genug für mich, dass du's nur weißt.«

Er starrt sie an, und jetzt ist er richtig wütend. Seine Augen flammen. »Was du für ein gerissenes Luder bist! Drehst den Spieß rum und machst mir Vorwürfe, kommst vom Hundertsten ins Tausendste … Was hat die Meinung deiner versoffenen Mutter damit zu tun, dass du hier nackt poussierst?«

Luise schnappt nach Luft. »Du verdammter Schweinehund! Du begreifst überhaupt nichts, das seh ich nun. Kein Stück Vertrauen, und so was nennt sich Liebe! Bleib mir doch vom Leib mit deiner Liebe!«

Sie bricht in wütendes Schluchzen aus.

Sie sind laut geworden, und nun öffnet sich in jenem Teil des Flurs, der auf den Hinterausgang zu führt, eine Tür, und eine scharfäugige junge Frau mit Schürze und Häubchen steckt ihren Kopf heraus. »Seit wann ist das hier 'n Obdachlosenasyl? Könnt ihr euch woanders anschreien? Raus hier oder ich hole die Polizei!«

Ohne ein Wort der Erwiderung steht Luise auf und stürzt nach draußen. Ihren Schleierhut drückt sie vors Gesicht. Bertram folgt ihr. Sie rennt vor ihm die Straße entlang, die Absätze klappern.

Bertram lehnt einen Moment an der Hauswand. Ihm ist schwindlig vor Wut und Verzweiflung. »Soll sie doch abhauen, die Hexe!«, murmelt er. Dabei macht er sich schon dran, sie mit langen Schritten zu verfolgen. Dass ihm ebenfalls die Tränen in den Augen stehen, merkt er gar nicht.

An der Kreuzung muss sie stehen bleiben. Ein schweres Baufahrzeug, mit vier Pferden bespannt, rumpelt vorüber, der Kutscher geht nebenher und treibt die Gäule mit der Peitsche an. Hier holt er Luise ein.

Sie überqueren den Damm, ohne sich anzusehen, aber Bertram passt seinen Schritt dem des Mädchens an. Bleibt sie zurück, trödelt er auch. Beeilt sie sich, hält er Schritt. Schließlich fährt sie ihn an: »Verschwinde! Kannst du mich nicht endlich in Ruhe lassen?«

»Nein, kann ich nicht«, sagt er grimmig. »Nicht, bis ich das alles verstanden habe. Ich darf dir mit Müh und Not ein paar Handschuhe schenken, und von dem lässt du dich bezahlen. Mir haust du auf die Finger, wenn ich dir mal an die Bluse will, und bei dem lässt du die Hüllen fallen. Du krakeelst rum, dass du ein anständiges Mädchen bist, aber stehst Modell wie die Flittchen, die vor der Akademie rumhängen und auf Kundschaft warten, nicht viel besser als die Mädels von der Ackerstraße – nein, warte! Ich hab nicht gesagt, dass du bist wie die Mädels von der Ackerstraße! Hör mir doch zu! Ich hab nur gesagt, dass du Sachen machst, die mich daran erinnern. Ja, ich weiß, alles, was ich sage, ist falsch. Renn nicht weg, verdammt! Du sollst es mir erklären!«

Er hat sie zu fassen gekriegt, hält sie an beiden Oberarmen und schüttelt sie. Die Leute an der Station der Pferdebahn, die da warten, drehen sich nach ihnen um. Streitende Liebespaare sind immer was Interessantes.

Erst wehrt sich Luise und versucht, ihre Arme zu befreien, bis ihr Blick auf Bertrams Gesicht fällt. Ihre Lippen zittern. »He, du weinst ja«, flüstert sie. Er kann nichts sagen. Kein Sterbenswörtchen kriegt er raus. Er lehnt seine Stirn gegen die ihre, und ihre nassen Gesichter berühren sich.

Die Leute sind enttäuscht. Doch kein streitendes Liebespaar.

Sie sitzen dann eng aneinander geschmiegt in der Bahn und sind still. Beim Aussteigen fragt Bertram: »Gehn wir noch ins Kontor?«, und sie nickt.

Kontor war heute nicht eingeplant, deshalb ist im Ofen nur noch ein schwaches Feuerchen vom Mittag, damit kriegt man's nicht warm.

Die Hunde freuen sich.

Luise setzt sich in ihrem Umhang in den Sessel und Bertram hockt sich zu ihren Füßen. Es ist schon zu dunkel, um einander ins Gesicht zu sehen und es muss ja vielleicht auch nicht sein.

91

»Wie hast du es rausgefunden?«, fragt Luise mit einem langen, zitternden Atemzug.

»War ein Zufall. Ich hab dich am Rosenthaler einsteigen sehen. Ich hab dir nicht nachspioniert, Luise. Das musst du mir glauben.«

»Und du musst mir glauben, dass ich nichts Unrechtes tue. Dieser Maler denkt nur an seine Bilder. Er rührt mich nicht an.«

»Warum hast du es nur angefangen!?«

Luise hebt die Stimme.

»Weil ich bettelarm bin, Bertram. Und weil ich so furchtbar gern mit dir auf den Abschlussball gehen wollte. Aus keinem anderen Grund.«

»Aber ich …«

»Ja, du wolltest. Kannst du das nicht verstehen, dass ich nichts von dir nehmen kann? Ich will kein Mädchen sein, dass sich von ihrem Liebsten beschenken lässt. Ich bin eine, die sich ihr Geld verdient. Ehrlich verdient.«

»Aber du hast ja das Kleid nun. Warum hörst du nicht auf?«

»Weil ich mit Markwart eine Art Vertrag geschlossen habe. Er braucht mich noch für zwei Bilder, und das habe ich ihm zugesagt. Vertrag ist Vertrag. Es dauert nicht mehr lange, Bertram.«

Es ist inzwischen völlig dunkel. Bertram krault das Fell des einen Hundes. Dann sagt er mit einem tiefen Seufzer: »Ich hör dich an und ich glaube dir ja auch. Aber ich versteh's trotzdem nicht. Und wenn ich daran denke, dass der dich malen darf, so wie dich Gott der Herr geschaffen hat, dann – dann ist mir das so, als wenn mir einer was wegnehmen würde, und ich könnte aus der Haut fahren. Und du kannst es nun drehn und wenden, wie du willst – du hast es mir verheimlicht. Und das tut mir furchtbar weh. So was sollte nicht vorkommen bei Liebesleuten.«

Es ist still. Dann fragt Luise leise: »Willst du deinen Ring wiederhaben?«

»Ich will«, sagt er ernst, »meine Luise wiederhaben!«

»Aber du hast mich. Ich bin die Gleiche.«

»Ich weiß nicht«, erwidert er matt. Er legt seinen Kopf auf ihre Knie, und ihre Hand fährt durch sein Haar.

So bleiben sie und reden nichts mehr.

Da liegt es auf dem Bett und deckt die schlafende Lina fast zu. Das Ballkleid. Das Tanzstundenabschlussballkleid, das verfluchte Ding. Liegt in Sanders Wohnung rum, als wenn jemand versucht hätte, in einem Pferdestall Orchideen zu züchten. Völlig verkehrt. Und auf der Erde dazu noch die hübschen Schuhchen und die langen Handschuhe aus Sämischleder, der Fächer und die Ballkarte mit den Eintragungen der Tänzer.

Da steht sowieso nur B. Glücksmann. Ja, einmal, beim großen Walzer, war es ja dann doch Walther Glücksmann. Immerhin.

Luise sitzt auf dem Bettrand neben ihrer prächtigen Robe, in Taille, Unterhosen und Strümpfen, hat das Kinn in beide Fäuste gebettet und starrt vor sich hin. Die Petroleumfunzel flackert unruhig. Wird sowieso gleich ausgehen.

Auf der Erde liegt auch der Ballstrauß aus rosa Kamelien, ebenfalls vom Vater des Tanzstundenherrn. Luise versetzt ihm einen wütenden Fußtritt. Er hat kein Wort mit ihr gewechselt, der Herr Papa! Hat sie nur angelächelt mit schief verzogenem Mund, bei dem einzigen Tanz, den er ihr gegönnt hat. Tanzt wirklich prima der Alte, fast noch besser als sein Sohn. Aber dann war er weg. Musste sich verabschieden wegen dringender Geschäfte. Adieu und au revoir, Mademoiselle Sander, hat mich sehr gefreut. Als wenn wir uns noch nie gesehen hätten. Und ansonsten war aus der ganzen Beletage keine Maus erschienen. Weder Mutter noch Schwester.

Ja, hatte sie das denn erwartet? Wozu soll er sich groß spreizen mit einem Mädchen, das weiter nichts ist als ein Malermodell!

Luise fährt sich mit beiden Händen durchs Haar und zerstört die Reste der hübschen Frisur, die sie mithilfe von Zuckerwasserzöpfchen, über Nacht geflochten, hergestellt hatte. Was für ein öder Abend!

Was für ein trostloser Vorgang!

Ja, sie waren die Schönsten gewesen. Und die besten Tänzer allemal. Wie sie die Polonaise angeführt hatten, wie sie in den Saal kamen – das war ein Raunen gewesen. Ein schönes Paar, wirklich! Sie so blond und er so brünett, eine reizvolle Kombination! Und wie sie dann losflogen in der ersten Tanzformation, die Quadrille leiteten und mit welcher Übereinstimmung sie die Polka in den Saal trugen – ein Augenschmaus! Sie hatten das ja lange genug miteinander geübt. Da konnte gar nichts schief gehen. Sie hatten sogar geübt, wann sie sich anzulächeln hatten. Alles verlief perfekt. Nur dass sie außer dem Guten Abend und dem Dankeschön und Bitteschön kein Wort miteinander gewechselt hatten.

Luise krümmt sich. Ihr ist übel. Das Gläschen Süßwein, das sie da irgendwann getrunken hat, muss ihr nicht bekommen sein. Sie legt ihren Kopf auf die Knie, wiegt sich hin und her. Ihre Augenlider brennen.

Erstaunlich. Die Tochter eines Hausmeisters und einer Waschfrau, wirklich? Eine kleine Schönheit, und wie gut sie sich benimmt.

Und Bertram, blass, ja, blass, mein Liebling, auch wenn die anderen das nicht mitkriegen, und mit glühenden Augen, und ohne ein Wort zu mir. Aber wir haben wunderbar getanzt. Ein Traumpaar.

Was für eine eisige Welt.

Luise friert auf einmal furchtbar. Sie will unter die Decke schlüpfen zu der kleinen Lina, aber da ist das Kleid. Das ist starr und gewichtig und riecht nach diesem Abend. Wo soll sie bloß dies Kleid lassen hier im Souterrain? Sie haben ja nicht einmal einen Spind für das bisschen Zeug, das meiste hängt am Nagel. Gleich morgen geht sie zum Trödler und versetzt es.

Als sie es anprobiert hat bei **Lyon**, da hat sie es ganz im letzten Hinterkämmerchen ihres Kopfes gedacht: Gute Farbe. Wenn man das Rosa abtrennt und durch Schwanenpelz ersetzt oder durch Organzarüschen, kann es auch gleich zum Brautkleid umgearbeitet werden …

Zitternd verschränkt sie die Arme. Am liebsten würde sie das edle Gebilde dem Blumenstrauß hinterher in den Dreck befördern. Agnes hat doch hier wieder seit Tagen nicht gefegt. Wenn sie nicht drauf achtet, passiert hier gar nichts.

Sie nimmt ihren Wollschal vom Fußende des Bettes, dann die Lampe und geht noch einmal in die Küche.

Nicht dass sie erwartet hätte, dass da noch wer auf ist, wenn sie nach Haus kommt, und mal fragt, wie's gewesen ist. Aber eine Kanne Tee oder einen Muckefuck hätten sie doch vielleicht noch hinstellen können unter die Wärmemütze, bloß so. Sie wirft einen Blick in den Verschlag, wo das Bett der Eltern steht. Die Mutter liegt vorn, sie muss ja morgens als Erste raus. Dass sie so sehr am Rand liegt, nah am Rausfallen, verdankt sie dem Vater. Wilhelm Sander macht sich schamlos breit, er braucht drei Viertel vom Bett, er schnarcht, und die

Decke hat er auch an sich gezogen. Luise reißt sie ihm wütend weg, um die Mutter einzuhüllen, und er grunzt unwillig im Schlaf. Ja, Vater, da geht dein Luis, dein schmuckes Kerlchen tanzen, wie du's wünschst, und dir fällt auch nichts weiter ein als zu pennen.

Als sie wieder in die Schlafkammer zurückkommt, begegnen ihr ein paar Augen. Hedwig blinzelt sie an und sucht nach ihrer Brille auf dem Nachttisch.

»Och, Luise«, flüstert sie andächtig, »Is det Kleed scheene!« Luise nickt. Und Hedwig fasst sich ein Herz und fragt: »Ob ick's mal anfassen darf?«

Normalerweise hätte Luise bestimmt gesagt: Untersteh dich, du Trine! Aber heute Abend ist ihr alles gleich. Soll sie doch, wenn sie so gern möchte. »Von mir aus kannst du es sogar anprobieren«, sagt sie müde.

Hedwig ist aus dem Bett wie nichts. Einen Augenblick steht sie zögernd vor dem Prachtstück, dann rafft sie den raschelnden Stoff und zieht ihn über ihren zerzausten Kopf. Die dünnen Zöpfchen hängen ihr über die Schultern, und da sie das eng am Hals geschlossene Nachthemd aus grobem Barchent darunter gelassen hat, guckt das lächerlich aus dem Ausschnitt. Und natürlich ist es zu lang und zu weit, das Mädchen schlottert förmlich drin herum.

Da steht sie, denkt Luise, und dreht sich und wendet sich. Nicht mal einen Spiegel gibt's hier – zum Glück, kann man nur sagen. Und sie denkt, sie ist schön. Ein Zerrbild. Jemand, der sich was umgehängt hat, was nicht zu ihm gehört, aber sein wahres Wesen kann er nicht verleugnen. Das Arme, das kommt durch.

Genauso wie bei dir, Luise Sander, auf diesem Ball. Da kannst du dir noch so schöne Kleider kaufen. Du bleibst die Luise aus dem Hinterhof.

Sie muss lachen; ein bitteres Lachen bricht aus ihr hervor, und sie gibt sich nicht mal Mühe, leise zu sein.

»Lachst du mich aus?«, fragt die Schwester erschrocken.

»Ja«, sagt Luise grimmig. »Ich lach dich aus und uns alle. Zieh den Fummel aus! Du müsstest dich bloß mal sehen. Da lachen ja die Hühner, nicht bloß ich. Morgen kommt das Ding weg.«

Hedwig kriecht aus der Robe und verzieht sich ins Bett, ohne einen Ton zu sagen. Wahrscheinlich heult sie jetzt heimlich unter der Decke. Auch egal.

Sie hebt die Handschuhe, den Fächer und die Ballkarte auf. Wird beides in ihre Schultasche stopfen, damit die Schwestern nicht morgen früh Schindluder damit treiben in ihrem Neid.

An der Ecke des Küchentischs steht noch das aufgeschraubte Tintenfass und ein Federkasten, die Schreibfeder steckt bis zum Kiel in der Tinte. Offenbar hat Lina bis zuletzt Hausaufgaben gemacht und dann nichts weggeräumt. Schlamperei.

Wütend stopft sie die Handschuhe in ihre Tasche. Die gehn auch mit zum Trödler.

Die Ballkarte. So was Schönes. Wie Damast glänzendes Papier mit einem Rahmen aus durchbrochener Spitze. Drin zwischen den Doppelseiten noch einmal eine Lage zartfarbenes Seidenpapier. Alle Tänze er. Und einer sein Vater.

Auf einmal, sie weiß nicht wie, hält sie die Feder in der Hand. Schreibt mit kleinen Buchstaben etwas auf den Rand. Schreibt sich ihre Not vom Herzen. *Ach Bertram, warum lässt du mich so allein* fängt sie an. Das Mädchen vom zweiten Hinterhof. Die heimliche Verlobte. Besser schreiben als heulen.

Sie stopft die Karte zwischen ihre Schulhefte. Als sie den Fächer nachfolgen lassen will, entdeckt sie etwas. Zwischen

den Lamellen ganz unten steckt ein winziger Streifen Seidenpapier, wie aus einer anderen Ballkarte herausgerissen, gefal-
tet zu einem Band und um das Fächergestänge geknotet. Sie
löst es ab und glättet es mit dem Handrücken auf ihrem Knie.

Auf einmal ist Bertrams Schrift gar nicht mehr so protzig.
Sie ist ganz klein, wie es sich für Geheimnisse gehört.
»Nächste Woche wieder im Kontor«, liest sie. »Bitte. Versetz
mich nicht.«

Nun schläft es sich doch ein bisschen besser. –

Diese Soireen für »die Jugend«! Man kann sich nicht drücken
und behaupten, man müsse seine Hunde trainieren oder für
die Griechischarbeit pauken. Anwesenheit ist Pflicht. Finette
Glücksmann besteht unerbittlich darauf, und neuerdings
auch Walther.

»Es muss sich etwas tun«, sagt er ironisch zu seinem Sohn,
»sonst wird dies Haus zu einer Stätte der Hysterie.«

Ganz klar: Ein Bräutigam für Bernadette muss her. Die
Soireen für die Jugend sind ein Heiratsmarkt, und wenn es
geht, soll Bertram gleich mit versorgt werden.

Das sind die wenigen Momente, wo bei den Geschwistern
Eintracht herrscht: Sie finden diese Veranstaltung verabscheu-
enswürdig. Bernadette ist jedes Mal vorher so nervös, dass sie
den halben Tag auf der Toilette sitzt. Aber selbst die schlimms-
ten Kopfschmerzen, seien sie nun vorgetäuscht oder echt,
können sie vor der Abendveranstaltung nicht retten. Dann
wird der Hausarzt geholt, es gibt ein Pulver, und auf geht's.

Vor der Hektik in der Beletage hat sich die Schwester in das
Zimmer des Bruders geflüchtet. »Sie wollen mir Kompressen
mit Bleiwasser machen, weil meine Haut zu dunkel ist«, sagt
sie schaudernd. »Eigentlich schon die ganze Nacht. Aber

Rieke ist – Gott sei Dank – darüber eingeschlafen. Nun wollen sie es nachholen. Ich hoffe, sie kommen nicht drauf, dass ich bei dir bin.«

»Bleib solange du willst«, sagt Bertram nachgiebig. »Mich störst du nicht. Hab ich wenigstens einen Grund, keine Hausaufgaben zu machen. Was haben sie übrigens an deinem Gesicht auszusetzen?«

»Zu semitisch«, murmelt Bernadette.

Bertram schnauft vor Empörung. »Als wenn es keine brünetten Deutschen gäbe! Abgesehen davon, wer uns für semitisch hält, der kommt sowieso nicht, egal, ob du nun aussiehst wie eine weiße Rose oder wie die leibhaftige Zigeunerprinzessin. Und die, die kommen würden, weil sie uns für semitisch halten, die will deine Mutter nicht.«

»Vater erst recht nicht«, erwidert das Mädchen und kneift die Lippen schmal. »Vater will hoch hinaus mit uns. Ohne Adelstitel soll es nicht abgehen bei mir.«

»Wenn ich nur wüsste, was das alles soll«, sagt der Bruder. »Du bist ja gerade erst sechzehn. Du bist hübsch und du kriegst einen Batzen Geld mit – was soll das Problem sein?«

»Tu doch nicht so! Das Semitische ist das eine. Das andere ist noch viel schlimmer. Wir sind unehelich, Bertram. Wir sind nicht ehrbar. Mama ist schließlich erst vor fünf Jahren Madame Glücksmann geworden. Wir sind Kinder der Sünde, und es hängt uns an.«

Jetzt hat sie begonnen an ihren Nägeln zu kauen, und der Bruder sieht ihr ehrlich besorgt zu. »Ich hab solche Angst vor diesen Abenden!«

Ihre Stimme ist schrill geworden.

»Sch!«, macht Bertram unwillkürlich. »Ich bin ja bei dir, Dette. Übrigens, Mutter quält sich gerade mit der Tischordnung. Weißt du, wer kommt?«

»Wie üblich«, sagt das Mädchen schadenfroh. »Über die Hälfte hat abgesagt. Wieder nur die Mitgiftjäger, denen das Wasser bis zum Hals steht. Und dann haben wir noch 'ne besondere Attraktion. Einen Cousin aus Amerika. Einen Wilden.«

»Wir haben Verwandte in Amerika?«, fragt Bertram überrascht.

»Wusste ich auch nicht. Ein Bruder unseres Großvaters muss ausgewandert sein. Einer, der keine Lust hatte, sich taufen zu lassen. Ein Waschechter sozusagen. Na, ob der unserem Renommee zustatten kommt?«

Bertram zuckt die Achseln. »Wer weiß? Wirkt auf jeden Fall exotisch.«

Wie das wohl wäre, wenn ich meinen Verlobungsring aufstecken würde heute Abend? –

Bernadette klebt an der Mutter wie ein Küken an der Glucke. Keine besonders gute Idee, findet Bertram. Jeder sieht, wie ähnlich sich die beiden Frauen sind, und jeder kann sich ausrechnen, wie die Tochter in zwanzig Jahren aussehen wird, wenn er die üppigen Formen der Mutter betrachtet. Und beide haben sie den gleichen Ausdruck im Gesicht: Unbehagen und Scheu. Madame Finette Glücksmann weiß allzu gut, dass sie für diese Gesellschaft immer die Näherin Veigele aus Galizien bleiben wird, und sie traut sich kaum den Mund aufzumachen, weil ihr schon mal hin und wieder ein jiddischer Anklang unterläuft. Gefundenes Fressen für die Gesellschaft: Madame Glücksmann mauschelt!

Und Bernadette sieht so drein, dass jeder erkennen kann, dass sie alles lieber möchte als, Gott behüte, unter den hier Anwesenden tatsächlich einen Freier zu finden.

Drüben im Salon haben die Lohndiener schon den Tisch beiseite geräumt und die großen weiß lackierten Flügeltüren zum Musikzimmer geöffnet. Die Musiker, extra von der Staatsoper engagiert, stimmen. Gleich kommt der peinlichste Moment der ganzen Veranstaltung: Wer fordert Bernadette zum ersten Tanz auf? Manchmal bleibt die Schwester drei, vier Tänze sitzen. Webers »Aufforderung zum Tanz«. So geht das immer los.

Bertram überquert das Parkett, verbeugt sich vor dem Mädchen, tut, als würde er nicht hören, dass seine Mutter zischt: »Bertram, was machste? Biste verrückt?«, und führt Bernadette auf die Tanzfläche. Der Walzer beginnt.

»Es war dir doch recht, oder?«, fragt er leise.

»Sehr recht. Danke, Bertram.«

Dass es den Eltern nicht recht ist, dürfte klar sein. Die Mutter ist schon auf dem Weg zur Herrengruppe und zieht den Vater am Arm beiseite. Bertram kennt den Ton, der da jetzt angeschlagen wird. »Walther! Ja, siehste denn nichts? Tu was!«

Bertram hat Glück. Als der Tanz endet, ist er mit seiner Schwester gerade auf der anderen Seite des Salons, in der Nähe des Wintergartens. Der Vater hat sie nicht im Blick.

»Ich bring dich erst mal raus ins Grüne. Du bist erhitzt. Kühl dich ein bisschen ab.« Sie nickt, und Bertram setzt seine Schwester auf einen Korbstuhl bei den Philodendren.

Vorn zwischen den Palmen, wo man zwar einen guten Blick auf das Geschehen hat, aber doch geschützt bleibt, entdeckt Bertram einen jungen Mann von vielleicht Mitte zwanzig, den er noch nie gesehen hat. Der Fremde trägt nicht den steifen Kragen, der eigentlich gesellschaftliches Muss ist, sondern ein lose umgeschlungenes Seidentuch – sehr ungewöhnlich. Er ist bartlos, aber er hat sein schwarzes Haar zu beiden Seiten des Gesichts zu »Koteletten« wachsen lassen, die einen wirkungsvollen Rahmen für seine etwas vorwitzige Nase abgeben. Im Übrigen hat er seine Beine auf eine Weise verknotet, die darauf schließen lässt, dass er endlos lange Stelzen hat. Bertram stürzt sich auf ihn. Ein Neuer.

»Darf ich Sie in unserem Haus willkommen heißen?«, sagt er weltmännisch. »Ich bin Bertram Glücksmann.«

Der Mensch löst seine Beine voneinander und erhebt sich zu imponierender Länge. »Ich denke«, sagt er in einwandfreiem Deutsch, »wir können gleich mit dem Du anfangen. Ich bin dein Cousin Franklin Klugman aus Baltimore.«

Bertram sieht hoch zu diesem Gesicht – hauptsächlich Nasenlöcher da oben – und schüttelt eine bieder ausgestreckte Hand. »Na«, sagt er, einer Eingebung folgend, »was hältst du denn davon, wenn du gleich mal mit deiner Cousine tanzen würdest?«

»Hatte ich sowieso vor«, sagt der andere. »Noch dazu, wo sie so hübsch ist. Und der Tanz kommt mir auch entgegen.« Die Musikanten haben eine Polka angefangen. »Unter uns, mit der Walzerei habe ich meine Schwierigkeiten. Werde schwindlig.«

Er begibt sich in den Wintergarten, um Bernadette zu holen, und Bertram sieht ihm nach mit dem Gefühl, eine gute Tat getan zu haben. Außerdem ist ihm der Bursche richtig sympathisch.

Um dem Vater nicht in die Arme zu laufen, schlägt er einen großen Bogen um die Tanzfläche und befindet sich auf einmal hinter der Phalanx seriöser Herren in Frack oder Smoking, die zum näheren Umgang seines Alten gehören – zumindest am Spieltisch. Bertram kann sie eigentlich alle nicht auseinander halten. Höchstens an der Bartmode – ob sie ihre »Manneszier« rund geschnitten tragen oder mit Zipfeln. Ihre Gesichter verschwinden ja unter diesem Gestrüpp, und zu alledem haben sie meistens auch noch ihre Augen maskiert mit Brillen, Monokeln oder »Pincenez«, die wagemutig auf den Nasenrücken schweben.

»Eine erstaunliche Zähigkeit legt er an den Tag, der Nobel-Itzig«, sagt einer im Frack und mit gezwirbelten Schnurrbartenden, während er genießerisch an seinem Cognac schnüffelt. »Da verliert er und verliert Abend für Abend, und trotzdem macht er weiter.«

»Er ist ja auch sonst nicht unbedingt am Gewinnen.« Der hier hat einen Mittelscheitel und trägt einen Kneifer auf der Nase. »An der Börse soll es genauso mies aussehen für ihn. Und dann diese Investitionen in Guano, wo doch alle Welt jetzt auf Kunstdünger umsteigt! Wie kann man derart dumm reagieren!«

»Verstehe ich eigentlich nicht. Diese Herren Israeliten sind doch sonst so geschäftstüchtig?«

Sie unterhalten sich mit gedämpfter Stimme.

»Mit dem Guano wollte er sich bei Zscherwitz einschmeicheln.« Das ist wieder der mit dem Zwirbelbart. »Dabei hat Zscherwitz von der Agrarwirtschaft auch nur so viel Ahnung wie die Kuh vom Eislaufen. Da haben sich die richtigen gefunden. Außerdem – was hat es gebracht? Sehen Sie hier die Herren Zscherwitz irgendwo herumlungern? Weder Senior noch Junior. So weit geht die Freundschaft nicht. Man kann eben keine Vogelscheiße gegen einen Bräutigam eintauschen.«

Sie lachen. Sie können gar nicht wieder aufhören.

»Und kennen Sie Petersen? Bankier Petersen aus Hamburg? Patenter Kerl, Mitglied der Deutschen Kolonialgesellschaft, finanziert unter anderem großzügig die Terrainkäufe in Kamerun. Habe mich kürzlich mit ihm bei Lutter und Wegener zum Frühstück getroffen. Da kam doch zufällig auch das Gespräch auf den bewussten Herrn hier. Wissen Sie, was er mir gesagt hat? ›Natürlich unterstütze ich den famosen Herrn Glücksmann. Bestärke ihn in seiner Guano-Manie. Zu Zinssätzen, die seinen israelischen Vorfahren Ehre gemacht hätten. Guano? Immer feste druff! Das dauert nicht mehr lange, und ich habe ihn in der Tasche.‹ Toucher!«

Ein anderer verbirgt sein backenbärtiges Gesicht hinter dem Qualm seiner dicken Zigarre.

»Mir unverständlich«, nuschelt er und pafft dazu. »Wenn doch Zscherwitz schon abgesprungen ist ...«

»... dann hofft er auf den Nächsten! Hauptsache es ist ein **von** im Spiel. Bloß, lange dauert das nicht mehr. Dann kann er seinem Tochterleben – hübsch ist sie ja! – nicht mal mehr die Mitgift finanzieren. Dann ist es aus mit der ›Rolle in der Gesellschaft‹. Die bilden sich doch tatsächlich ein, sie könnten 'ne Position in der Gesellschaft erhalten! Kolossaler Irrtum das!«

Und erneut Gelächter.

»Petersen? Arbeitet der nicht mit der Disconto Hand in Hand? Meine Herren, da müssen wir uns beeilen! Dass wir unserem Herrn über die Vogelscheiße noch unseren Anteil am Spieltisch abluchsen, eh es zu spät ist!«

»Total aus der Art geschlagen, dieser Itzig! Von den Geistern seiner Wucherahnen verlassen!«

Sie entfernen sich Richtung Spielzimmer.

Bertram steht wie versteinert. Ob der Vater eine Ahnung hat, was diese »Herrenmenschen«, die an seinem Tisch sitzen, von ihm halten? Und dieser Petersen? Guano. Vogelscheiße. Ein Düngemittel aus den Tropen. Der Vater hat mal darüber gesprochen, ja. »Wo doch alle Welt auf Kunstdünger umsteigt« ... Die wollen ihn allen Ernstes ins offene Messer rennen lassen, sehen voller Schadenfreude zu, wie er sich ruiniert – das kann doch nicht sein! Wir sind assimiliert. Staatsbürger mit gleichen Rechten. Das hat der Vater immer erzählt. Es kommt ihm vor wie leeres Stroh, nach dem, was er da eben gehört hat.

Man muss dem Alten reinen Wein einschenken, man muss – Die Mutter, empört.

»Bertram! Was haste dir dabei gedacht? Dette tanzt jetzt schon zum dritten Mal mit diesem Vetter aus Amerika!«

Das Beste, was sie tun kann, schießt es Bertram durch den Kopf. Bloß nicht stören!

In dem Augenblick spielen die Musikanten einen Galopp, und Bertram verbeugt sich geistesgegenwärtig.

»Darf ich bitten, Mama?«

Bei dem Tempo wird Finette nicht dazu kommen, ihn weiter mit bohrenden Fragen zu belästigen. »Nicht so schnell, Junge!«, schnauft sie dann auch schon nach der ersten Runde, und ihr Sohn bemerkt unschuldig: »Aber das ist doch die Musik. Da kann ich nichts dafür.«

Nach dem Tanz sitzt die Mutter atemlos im Stuhl und bewegt eifrig ihren Fächer, und er hat Gelegenheit, sich zu verdrücken. Tanzpause.

Während er noch rundum schaut, winkt ihm jemand eifrig zu. Der Amerikaner. Er kommt gerade aus dem Herrenzimmer und versenkt seine angerauchte Zigarre eifrig in der Bronzevase mit Sand, um die Luft in diesem Raum nicht zu verstänkern. Zutraulich legt er den Arm um Bertrams Schulter und entführt ihn in Richtung Wintergarten.

»Ein feines Mädchen, deine Schwester!«, sagt er strahlend. »Eine feine Party! Bis auf die Gentlemen da hinten. Immerzu höre ich ›deutsche Größe‹ und ›Kolonien‹. Schließlich, ich komme aus einem Land, das auch mal eine Kolonie war. Ich fühl mich dabei nicht wohl.«

Er nimmt in einem der Korbsessel Platz und knotet seine langen Beine wieder umeinander. Auf seiner Stirn sind Sorgenfalten.

»Bertram«, sagt er zutraulich und legt dem jungen Mann die Hand aufs Knie, »ich bin nach Deutschland gekommen, um mir eine Frau zu suchen. Geld hab ich genug. Darum geht's nicht. Ich wollte ein junges jüdisches Mädchen mit Bildung und guten Manieren, liberaler als unsere Orthodoxen in Baltimore. Wie gesagt, deine Schwester würde mir schon gefallen. Aber …«, er dämpft die Stimme, »… ihr Glücksmanns hier in Berlin seid gar nicht mehr richtig jüdisch …?«

Es hört sich an, als wäre das was Schlimmes.

»Wir sind überhaupt nicht mehr jüdisch«, sagt Bertram und fügt mit einem Seufzer hinzu: »Wenigstens denken wir das. Jedenfalls hat sich Großvater taufen lassen, gleich nachdem sein Bruder nach Amerika auswanderte. Bloß heute kommt es mir so vor, als ob das überhaupt nichts genützt hat.«

Der Cousin sieht ihn verständnislos an.

»Meinst du, dass es tief sitzt bei deiner Schwester – das Christentum?«

Bertram schluckt. »Ich glaube, das hat wenig mit Christentum zu tun. Es geht mehr um – na ja, um das Prestige in der Gesellschaft. Als Jude bist du ein Bürger zweiter Klasse.«

»Gott sei Dank, in den Staaten ist das nicht so«, sagt Franklin energisch. »Wenn sie meine Frau wird, kann sie jederzeit zum Glauben unserer Väter zurückkehren, ohne dass es ihr schadet.«

Bertram sieht ihn mit offenem Mund an. »Du reitest ja eine scharfe Gangart!«, ruft er. Und der Amerikaner: »Sie gefällt mir, weißt du! Auf den ersten Blick!« Er reckt den Hals. »Ich muss mich weiter kümmern. Fein, dich kennen gelernt zu haben. Ich wohne im Hotel. *Französischer Hof.* Kann ich dich bald mal treffen? Wir könnten Pläne machen …«

Bertram atmet tief durch. Wenn der Vater nur nicht so verbohrt wäre! Das wär doch genau das, was Bernadette braucht!

Er reckt den Hals. Der lange Amerikaner hat sie schon wieder aufgefordert. Ein Walzer, der bei ihm ein bisschen nach einem Hopser aussieht. Aber Bertram hat seine kleine Schwester schon lange nicht mehr so fröhlich, so gelöst gesehen. Ihre dunklen Augen strahlen, und der unglückliche, verkniffene Zug, der sie sonst oft älter aussehen lässt, als sie ist, der ist ganz weg aus ihrem Gesicht. Da scheint sich ja wahrhaftig was anzubahnen. Nicht schlecht.

Bertram presst die Stirn ans kalte Fensterglas. Er muss mit dem Vater reden. Je eher, desto besser. Über die beiden hier. Und über seine Gäste und ihre Machenschaften. Ach, Luise. Am besten, sie rennen gleich mit fort, nach Amerika. Aber ohne einen Pfennig in der Tasche geht das auch nicht.

Bestimmt holt der Vater bald »Nachschub« fürs Spiel. Am besten, er wartet im Arbeitszimmer auf ihn. Da hat man einen Moment Ruhe.

Der lange Flur ist erleuchtet. Die Dienstboten sausen hin und her, bringen die vollen Tabletts nach vorn und schleppen die mit dem dreckigen Geschirr zurück in die Küche. Die Tür zum Arbeitszimmer des Vaters ist angelehnt.

Bertram schlüpft ins Arbeitszimmer. Die Stimmen der Dienerschaft dringen aus dem Wirtschaftstrakt.

Der Schreibtisch ist offen. Die in Ölpapier eingeschlagenen Geldrollen, die Banknoten – es sind so viele fremde Leute hier im Haus.

Der Vater kommt nicht.

So eine Geldrolle, die verspielt er an einem Abend.

Das Material für die Elektroarbeiten kostet sein, Bertrams, Geld, und dann lässt er sich seine Griechisch- und Lateinaufgaben von Klassenkameraden machen. Natürlich nicht für umsonst. Das, was er braucht, das wird den Bankrott auch nicht aufhalten. Falls er denn kommen sollte …

Wie wäre es wohl, zu diesem Markwart hinzugehen, ganz lässig, ganz Weltmann. Zu sagen: Ich gestatte nicht, dass meine Braut diese unwürdige Tätigkeit weiter ausübt bei Ihnen, mein Herr. Darf ich Ihnen Ihre bisherigen Auslagen rückerstatten? Und dann die Rolle mit den Talerstücken aus der Tasche ziehen: Ich hoffe doch, das reicht …

Er fährt herum. Seine Hände sacken herunter. Hinter ihm steht der Vater.

Walther Glücksmann sagt zuerst nichts. Dann bemerkt er leise: »Mach die Tür zu. Und dann setz dich.«

Der Vater lässt sich auf seinen Arbeitsstuhl fallen. Er sieht entsetzlich müde aus, Ringe unter den Augen, ein nervöses Zucken der linken Wange, das Bertram noch nie an ihm gesehen hat. Keiner sagt etwas. Irgendwann beginnt Walther Glücksmann mit leiser Stimme: »Seit einer Woche sitze ich Abend für Abend, Nacht für Nacht an diesem verfluchten Spieltisch und verliere. Ich weiß, ich bin nicht gerade ein leuchtendes Vorbild für meine Kinder.«

Er verstummt wieder.

Bertram hebt die Lider und wirft einen scheuen Blick auf den Vater.

Er kennt ihn in den verschiedensten Launen, amüsiert oder gelangweilt, zynisch oder blasiert, geistreich, verletzend, ironisch, charmant. So hat er ihn noch nie gesehen. Er wirkt müde, alt, verzweifelt. Das sonst immer wohl frisierte Haar hängt ihm zerzaust in die Stirn. Hatte er schon immer das viele Grau an den Schläfen?

»So, mein Sohn«, fährt Walther Glücksmann fort. »Was fangen wir nun miteinander an? Ich weiß es nicht. Ich nehme an, das ist hier nicht das erste Mal, habe ich Recht?«

Bertram nickt. Er bringt kein Wort raus.

»Ich mach es ja auch aller Welt leicht, mich auszuplündern. Gelegenheit macht Diebe, nicht wahr? Aber ich befreunde mich ungern mit dem Gedanken, dass mein einziger Sohn ein Dieb ist.«

Es ist alles verpatzt. Da ist er hergekommen, um den Vater zu warnen. Aber wie soll er das – so, wie er jetzt dasteht? Er möchte in die Erde versinken.

»Vater! Ich bin kein – und da gibt es andere, die …«

Walther Glücksmann schneidet ihm das Wort ab. »Ach, willst du dich damit entschuldigen, dass auch andere mir in die Tasche greifen, vom Kutscher bis zum Lohndiener? Wirklich, ein feines Argument!«

»Nein, Vater, nein! Es geht um die anderen, die …«

»Bitte, hör auf! Du greifst jemand anders in die Tasche. Ist ja bloß dein Vater. Und nun willst du dich damit herausreden, dass die anderen – lieber Himmel!«

Er fährt sich mit beiden Händen durchs Haar. »Ich tu mich schwer mit Moralpredigten. Ich bin selber nicht so sehr moralisch. Kein Vorbild. Ich werde in Zukunft dieses Fach abschließen. Etwas anderes fällt mir nicht ein. Ich will auch nicht wissen, wie oft du schon … Hast du es für dies Mädchen gebraucht, dein Schätzchen aus dem Hinterhof?«

»Nein.« Die Scham schnürt Bertram die Kehle zu. Entweder er glaubt mir oder nicht.

»Schade. Das hätte ich sogar noch verstanden. Also nur verplempert … Ja. Ich verplempere ja auch. Unter uns Verschwendern, Bertram: Es sieht nicht gut aus. Dein Vater hat Schulden. Im Augenblick würde ich mich schwer tun mit der

Mitgift deiner Schwester. Ganz gut, dass sich noch keiner entschlossen hat. Aber das ist natürlich nur vorübergehend. Die Aktien werden sich erholen, und dann gibt es auch noch das Guano-Geschäft.«

Das Guano-Geschäft. Wie soll er dem Vater begreiflich machen, dass er betrogen wird – jetzt, in dieser Situation? Er setzt sich nur selbst ins Unrecht. Es hört sich an wie eine dumme Entschuldigung. Hilflos hebt er die Hände ans Gesicht.

Glücksmann bemerkt durch diese Bewegung den Ring.

»Was ist denn das?«, fragt er, und dann bricht er in heiseres Gelächter aus. »Deine Tanzstundenflamme? Junge, das ist ja köstlich. Lass das bloß nicht deine Mutter sehen. Eine nette Spielerei. Ich hoffe, du meinst das nicht ernst. **Eine** solche Hochzeit konnten sich die Glücksmanns gerade noch leisten – die zwischen deiner Mutter und mir. Wenn auch du aus der Reihe tanzen willst, muss ich andere Seiten aufziehen.«

Er erhebt sich, schließt den Tresor und steckt den Schlüssel in die Tasche – nicht ohne noch eine der Geldrollen an sich genommen zu haben.

»Fortuna ist ein launisches Weib. Aber einmal muss selbst die schwärzeste Pechsträhne zu Ende gehen«, bemerkt er leichthin. »Was dich angeht: mein Sohn – ich habe dich hier nie gesehen. Schwamm drüber. Aber diese Quelle ist nun versiegt. Ach, und das Taschengeld streiche ich dir auch für diesen Monat. Sieh zu, wo du bleibst. Und versuche nicht, Schulden zu machen. Dafür werde ich nicht aufkommen. Ich habe zu tun, für meine eigenen Dummheiten gerade zu stehn. Gute Nacht. Ich würde dir raten, auf dein Zimmer zu gehn. Heute Abend habe ich wenig Lust auf dich und deine Anwesenheit bei dieser Soiree.«

»Vater! Ich muss dir etwas erzählen!«

»Verschon mich jetzt, ja?« Seine Stimme klingt scharf. Er geht aus dem Zimmer, ohne seinem Sohn einen weiteren Blick zu gönnen. Bertram sitzt auf seinem Stuhl, er kann sich nicht bewegen.

Was weiß der Vater? Wie gut kennt er die Meinung dieser Herren mit Monokel und Kneifer, die seinen Champagner trinken und ihm den Ruin wünschen oder sogar daran mitwirken?

Ihm ist, als sei er in einem bösen Traum. Vielleicht weiß er es. Vielleicht sitzt er nur deshalb Nacht für Nacht am Spieltisch, um dies Wissen zu übertäuben. Bertram betrachtet den Ring an seinem Finger. Luise. Der Ring ist wie ein fremder Gegenstand. Er drückt ihn gegen seine Stirn. Ein kühler Punkt, wohltuend.

Am liebsten hätte er geheult. –

4. Lügen und Verschweigen

»Lina!« Luises Stimme ist scharf wie eine Messerklinge. Ihre Hand zeigt auf Linas Schürzentasche, aus der ein Briefumschlag hervorguckt – jener Umschlag, den Luise vor zwei Stunden der Schwester gegeben hatte, mit dem Auftrag, ihn sofort in die Beletage zu tragen und der Köchin zu geben. »Sag nicht, du hast es verschusselt!«

Luise hat die kleine Schwester fest im Griff; sie hat deren dünne Zöpfe einmal um ihre Hand gewickelt und zwingt Lina so, ihr ins Gesicht zu sehen. Lina zwinkert. »Ich wollte gerade …«, stottert sie.

»Du wolltest gerade! Was hast du im Kopf? Stroh, oder was? Ich hatte gesagt: sofort! Jetzt ist es zu spät! Viel zu spät, du verspielte kleine Ratte!« Sie hat den Umschlag aus der Schürze der Schwester gezogen und schlägt ihr damit auf den Kopf. Lina schnieft. Es tut nicht weh, aber Schniefen ist besser.

Luise lässt die Zöpfe der Kleinen los. Entmutigt zerreißt sie den Brief, in dem sie Bertram mitteilen wollte, dass sie heute nicht ins Kontor kommen kann. Markwart hat ihr auf dem Nachhauseweg von der Schule aufgelauert und sie dringend gebeten, heute zu erscheinen. Das Licht ist jetzt länger gut, und er will den großen Auftrag für den Bankier Löbbecke noch bis nächste Woche fertig stellen – eines der berühmten Markwart'schen »Rückenstücke«. Und es wird länger dauern. Diesmal braucht er auch den Abend, bei Gaslicht. Luise hat einen Moment gezögert. Aber dann hat sie überlegt, dass das eine ganze Menge Geld bedeutet, genau das Geld, was ihr zu dem Mantel mit dem Pelzkragen fehlt, der bei Tietze hängt. Jetzt nach Weihnachten ist es besonders günstig. Dann könnte sie ihn sich schon morgen kaufen. Da muss sie Bertram eben heute einmal absagen. Wenn's auch wehtut.

Sie schreibt den Brief und verlegt das Treffen auf den nächsten Tag und schickt Lina los zur Köchin. Die legt solche Botschaften stillschweigend in Bertrams Zimmer, wenn er nicht da ist, oder drückt sie ihm in die Hand. Die Köchin ist absolut zuverlässig. Nur diese kleine Göre ist nicht zuverlässig. Lina hat die Gelegenheit ergriffen und das Weite gesucht.

Luise steht in Schleierhut und Jacke, den Muff um den Hals. Sie muss dringend los, wenn sie pünktlich bei Markwart sein will. Und Bertram sitzt nachher allein im Kontor der Fourragehandlung und wartet …

Sie geht nicht gern ins Vorderhaus. Sie will Aufsehen vermeiden. Aber nun läuft sie zum Dienstbotenaufgang und klopft hinten bei der Köchin.

Nein, der junge Herr Bertram ist schon aus dem Haus. Er wollte noch seine Hunde trainieren, bevor er … Die Köchin grinst anzüglich.

»Danke«, sagt Luise kurz angebunden. Wenn ich hier erst die junge Madame bin, beschließt sie gnadenlos, dann muss ich mir die auf Abstand halten.

Im Hausflur stößt sie auf Agnes. Die Schwester lehnt an der Wand und kaut an einer kalten Kartoffel, die sie offenbar von denen geklaut hat, die für die Bratkartoffeln am Abend bestimmt sind. Sie grinst die Schwester an.

»Was drückst du dich hier rum«, sagt Luise unfreundlich, »hast du schon wieder 'n Treffen mit 'nem Kerl?«

Agnes zuckt die Achseln. »Nich, det ick wüsste«, sagt sie in ihrer trägen Sprechweise.

»Wartest du auf wen?«

»Vielleicht – wenn wer kommt …«

Mit ihr ist nichts anzufangen. Faules Stück!

Auf einmal kommt ihr eine Idee. Vorsichtig kramt sie in ihrem Muff herum, findet das Portmonee, fingert eine Münze heraus. »Willst du dir 'n Groschen verdienen?«

»Zweie noch lieber«, sagt Agnes frech.

»Also gut, auch zwei«, erwidert Luise unwillig. »Aber ich muss mich drauf verlassen können.«

Agnes schweigt und sieht sie an. Luise guckt sich um. Dann sagt sie halblaut und hastig: »Du weißt doch, wo Glücksmanns Fourragehandlung ist, ja?«

»'n ziemliches Stück Weg«, bemerkt Agnes gedehnt.

»Finde ich nicht, für zwei Groschen. Einen kriegst du gleich, den zweiten heute Abend, wenn ich weiß, dass es geklappt hat. Geh da hin, aber stante pede! Geh ins Kontor und sag Bescheid, dass ich nicht komme. Heute nicht. Klar?«

»Weiter nichts?«

Weiter nichts, nein.

»Mehr musst du nicht wissen.«

Agnes' Augen sind genauso blau wie die ihrer großen Schwester. Jetzt kriegen sie so ein gewisses Funkeln, das Luise gar nicht passt.

»Der hübsche Judenbengel, mit dem du Tanzstunde gemacht hast, der ist dein Emmes, ja?!«

Ich bin auf sie angewiesen, denkt Luise. Ich darf ihr jetzt keine schmieren. Mist, wenn man auf so jemanden angewiesen ist.

115

»Mach einfach, was ich dir gesagt hab, ja? Und wenn du dir einbildest, du kannst über mich tratschen oder sonst wie die Lippe riskieren – du kennst mich, nicht wahr? Wehe dir!«

Während der Sitzung bei Markwart muss sie immer wieder an Bertram denken. Hoffentlich hat ihn die Nachricht erreicht und er ist nicht zu enttäuscht. Sie haben sich in der letzten Zeit viel zu wenig gesehen. Das muss anders werden. –

Wie hat sich Bertram auf diesen Abend gefreut!

Mit den Hunden ist er, statt sie über den Hof oder das Feld toben zu lassen, in der nächsten Kolonialwarenhandlung gewesen und hat sich was einpacken lassen. Süße Orangen und süßen Wein, einen englischen Kuchen, der nach Gewürzen duftet, Schokolade, von der die Verkäuferin versichert, sie sei extra fein. Als er die rotbackigen Borsdorfer Äpfel sah, hat er davon auch noch eine Tüte voll genommen. Auf der Platte des kleinen Kanonenofens kann man bestimmt Bratäpfel machen. Luise hat mal gesagt, dass sie Bratäpfel gern isst.

Es ist alles Quatsch mit seiner dussligen Eifersucht, mit seinem Misstrauen. Heute müssen sie sich richtig versöhnen. Und vielleicht hat diese Geschichte ja auch einen Vorteil für ihn. Vielleicht fällt ja einmal vor ihm eine Hülle, nicht bloß vor dem fremden Mann … Wo sie ja eigentlich schon daran gewöhnt ist.

Die Äpfel brutzeln auf der Ofenplatte und erfüllen den Raum mit gutem Geruch. Die beiden Collies haben sich dicht vor der Wärme ausgestreckt. Es ist gemütlich.

Er entkorkt schon mal die Flasche Wein und genehmigt sich ein Gläschen im Voraus. Man muss doch wissen, was man anbietet.

Bertram hat die Stiefel von den Füßen gestreift und sich in den großen Sessel gekuschelt. Langsam wird es dämmrig draußen.

Sie muss bald kommen.

Luise – ja, heute wird er sie dazu bringen, dass sie sich von ihm das Mieder aufknöpfen lässt. Heute wird er ihre Brüste berühren. Er wird sie hemmungslos streicheln und küssen. Er wird –

Er schließt die Augen.

Ihm ist heiß geworden, das muss an dem überheizten Raum liegen. Er zieht seinen Überrock aus, öffnet die Halsbinde und die obersten Knöpfe des Hemdes. Sein Atem geht heftig. Komm, Luise!

Ich mag nicht mehr warten.

Endlich! Die Hunde heben die Köpfe, springen auf die Pfoten. Sie schlagen an, und das ist ungewöhnlich, denn bei Luises Kommen winseln sie nur erwartungsvoll. Bertram geht auf Strümpfen zur Tür und reißt sie weit auf, bereit, seine Luise in die Arme zu schließen.

Draußen steht Agnes.

»Was willst du denn hier?«, fragt er entgeistert.

»Nette Begrüßung!«, bemerkt sie. Ihre Augen schweifen durch den dämmrigen Raum, der vom Feuerschein des Ofens sanft erhellt wird, auf den Schreibtisch, auf dem die Leckereien ausgebreitet liegen, auf die Weinflasche. Dann gehen sie zurück zu dem jungen Mann.

»Ick soll was ausrichten«, bemerkt sie langsam. »Darf ich reinkommen?« Sie versucht, das Berlinische zu unterdrücken. Was ihr natürlich nicht so gut gelingt, wie ihrer Schwester Luise.

Bertram zerrt sie in das Kontor und schlägt die Tür hinter ihr zu.

117

»Kusch!«, schreit er die knurrenden Hunde an. »Verzieht euch!« Und dann wild zu Agnes: »Sag jetzt nicht, dass sie nicht kommt! Sag, dass sie sich nur verspätet! Sag es!«

»So wat hab ick nich zu sagen«, erwidert sie und hebt die Schultern. »Ick hab bloß zu sagen, dass es heute nichts wird. 'n andermal. Frisst du mich jetzt roh, oder wat? Ick bin bloß die Botin.«

Bertrams Fäuste sind geballt. Vor Enttäuschung sind ihm die Tränen in die Augen geschossen. Damit Agnes es nicht sieht, dreht er sich weg, geht zum Tisch, gießt sich ein Glas Wein ein und kippt es auf einen Zug hinter.

»Gut«, sagt er, ohne sich umzudrehen. »Ist in Ordnung. Danke. Hab's verstanden.«

Warum haut sie nicht ab, die Rothaarige?

Agnes steht mitten im Raum und macht keinerlei Anstalten.

»Hm«, sagt sie, »Brataäppel. Hab ick letzte Mal Weihnachten jejessen.«

»Nimm dir einen«, murmelt Bertram unwillig, »wenn du unbedingt willst.«

Hauptsache, sie verschwindet endlich wieder. Bloß kann man einen Bratapfel ja schlecht mit nach draußen nehmen.

Er hört sie hantieren, kichern, pusten, leise aufschreien. Was macht sie denn? Er dreht sich um.

An Löffel hatte er nicht gedacht. Agnes sitzt in dem großen Sessel und balanciert den Teller mit dem Apfel auf einer Hand. Mit der anderen und mit ihren Zähnen versucht sie sich an dem heißen Zeug, schmiert, lutscht, kichert.

»Raus aus dem Sessel da!«, befiehlt er wütend. Sie lacht dreist.

»Wieso? Is det 'n besonderer Stuhl? Darf da bloß Luise drin sitzen, oder wat?«

Es ist aus mit seiner Fassung. Er stürzt auf sie los, packt sie bei den Oberarmen und zerrt sie aus dem Stuhl. Der Teller mit dem Apfel knallt zu Boden. Agnes quietscht, aber es hört sich keineswegs verängstigt an, und gleich darauf lacht sie. Ihre Stimme ist tief und kommt aus dem Bauch.

»Jottedoch, bist du stürmisch! Trefft ihr euch hier öfter so, mit all die feinen Sachen? Ick muss schon sagen, meine Schwester hat 'n Schwein, det jibt's jar nicht.«

»Hau ab«, sagt Bertram mit erstickter Stimme. »Hau bloß endlich ab. Mach, dass du wegkommst, ja?«

Die Hunde haben sich verängstigt in eine Ecke zurückgezogen. Agnes steht genau vor Bertram. Durch die heftige Bewegung, mit der er sie aus dem Stuhl expediert hat, ist ihre Bluse über der Brust aufgegangen. Im schwindenden Tageslicht leuchtet ihre Haut. Agnes ist üppiger als ihre große Schwester. Ihre Brüste drängen sich im Ausschnitt des Mieders. Bertram muss sich abwenden. Das Blut pocht ihm in den Schläfen. Ich hätte den Wein nicht trinken sollen, denkt er. Aber statt damit aufzuhören, schenkt er sich erneut ein.

»Krieg ick auch 'n Glas?«

Sie steht direkt hinter ihm. Er spürt ihren Atem an seinem Hals. Als er das zweite Glas voll gießt, zittern ihm die Hände. Sie soll austrinken und weggehn. Um ihn dreht sich alles.

»Na denn, Bertram!«

Widerwillig dreht er sich um, mit ihr anzustoßen.

»Krieg ick 'n Küsschen?«

Ihr Bratapfelmund nähert sich dem seinen. Er packt sie grob mit den Lippen, beißt sie fast, aber sie lacht. Plötzlich gerät er in Wut. Er setzt sein Glas ab, fasst sie wieder an den Oberarmen.

»Sag mal, hat sie dich geschickt, damit du hier die Stellvertreterin spielst?«

»Luise? Na, da kennste se aber schlecht, Junge. Die würde sich doch eher 'n Zeh abbrechen lassen, als det se ihrer Schwester wat jönnt«, sagt Agnes gemächlich. Sie lässt ihn nicht aus den Augen. Sie nippelt noch an ihrem Wein. In dieser halben Dunkelheit sehen ihre Augen genauso aus wie die von Luise, blau, ein bisschen schief im Gesicht, eindringlich, fordernd.

»Du bist ein Miststück«, sagt er heiser.

»Findste? Wie man's nimmt. Ick will bissken Spaß haben, verstehste? Weiter nichts. Andre denken an die Zukunft. Meine Zukunft ist mir Wurscht. Heute ist heute. Wat soll det janze Theater. Ick bin nich Luise. Ick wart nich uff's jroße Jlück. Mir jenüjt det Kleene. Hier. Heute.«

Er drängt sie gegen den Sessel, aus dem er sie eben noch vertrieben hat. Sie gehört nicht zu denen, die Widerstand leisten. Sie kichert, knurrt, lacht. Ihre Kleider sind im Nu runter. Ob Luise sich auch so schnell auszieht, bei ihrem Maler? Er beißt sie in die Schulter, dass sie aufschreit.

Draußen ist es inzwischen völlig dunkel. –

Es ist spät geworden bei Markwart. Zweimal hat Luise um eine Pause gebeten, weil sie die Pose nicht mehr durchstehen konnte. Markwart hat ungeduldig genickt und während der Zeit, als sie sich ausruhte, an Details gearbeitet, hier ein Glanzlicht aufgesetzt, dort eine Farbnuance verändert. Er ist in einer Art Fieber. Das Bild soll fertig werden!

»Erzähl mir was!«, befiehlt er. »Erzähl mir irgendetwas! Von mir aus sag mir die Schiller'schen Balladen rückwärts auf!« Seine Augen, die dunklen Augen, die kaum blinzeln, haben wilden Glanz. Luise ist in ihrer Aufzählung inzwischen bei den Sonntagen nach Trinitatis angekommen … Quasimodogeniti, Misericordias Domini, Oculi, Laetare, Cantate, Rogate … Irgendwann verstummt sie. Und irgendwann beginnt Markwart zu reden. Luise ist das nur recht. Sie ist mit ihren Gedanken sowieso woanders. Darum kann sie auch nichts Richtiges erzählen. Soll er doch plappern, sie hört nur mit einem Ohr zu.

»Luise, Luise! Ich weiß, du willst aufhören. Ich versteh dich. Noch ein paar Klamotten über den Leib, und dann nichts wie weg – ist ein heißes Pflaster, die Modellsteherei. Alle denken, zwischen Maler und Modell muss ja was laufen … Da läuft auch was. Bloß was ganz anderes. Etwas, was die alle nicht verstehn. Meine Güte, ja. Ich verdiene an dir ein gutes Stück Geld. Was so gefragt ist in den Herrenzimmern. Aber das eigentliche Bild mit dir, Luise, das steht noch aus. Das ist das Bild mit deinem Gesicht.«

Ihre Augen treffen sich im Spiegel.

»Nein!«, sagt Luise energisch. »Nie und nimmer!«

Der Maler lacht auf. »Hab ich gesagt, dass dein Gesicht zu deinem Körper gehören wird? Es geht mir nicht um die oberen Hundert von Berlin, die wissen wollen, was für eine Visage zu diesem Rücken gehört. Es geht mir um Kunst. Um wahre, wirkliche Kunst. Du sagst, ich male ›Schinken‹, und du hast Recht. Es geht mir um mein Bild, meins, verstehst du? Dein Gesicht muss einen Körper kriegen und dein Körper ein Gesicht, verstehst du? Woher auch immer.«

»Ich versteh kein Wort«, sagt Luise und zuckt die Achseln. Sie sieht ihn an.

»Macht nichts. Musst du auch nicht. Als du mich damals zum ersten Mal gesehen hast, da in der Destille, wo du deine Mutter gesucht hast – was hast du da gedacht, was ich für einer bin?«

»Dass Sie irgend so 'n oller Spanner sind.«

»In gewissem Sinne hast du sogar Recht. Ein Spanner, ein Voyeur, das ist einer, der nur zugucken will. So ist das. Ich will zugucken, nicht anfassen. Zugucken und Bilder machen von dem, was ich gesehen habe.«

»Aber«, sagt sie ärgerlich, »das stimmt doch gar nicht. Sie malen doch gar nicht das, was Sie sehen. Sie machen was ganz anderes draus. Ich bin bloß 'n Mädchen aus dem Hinterhof. Und Sie verkaufen mich als türkische Haremsdame und Susanna im Bade und so 'n Zeugs. Jetzt bin ich die, die auf den goldenen Regen wartet. Also nicht, dass ich was gegen goldenen Regen hätte …«

»Das steht außer Frage. Ich auch nicht. Sonst würde ich ja nicht so gefällige Sachen machen. Aber das große Bild, das ganz wichtige Bild – nein, Luise, das hab ich noch nicht gemalt. Das Bild, in dem sich die Bereiche vermischen. Das wird dann nicht Susanna im Bade sein oder Kleopatra vor Caesar. Das wird etwas von hier sein. Vielleicht soll es ‚Die Berlinerinnen‘ heißen. Ich denke, man muss nicht den Hinterhof nach der Natur malen. Man kann auch mit meinen Mitteln, durch die Kombination der Elemente, etwas Neues, etwas Großes schaffen. Verstehst du, was ich meine?«

»Nein«, sagt sie ehrlich. Ihre Gedanken sind woanders. Hoffentlich hat die unzuverlässige Schwester ihren Auftrag ausgeführt. Es dürfte ja nun endgültig das letzte Mal gewesen sein.

Aber Markwart bemerkt ihre Zerstreutheit gar nicht. Hektisch fährt er mit dem Terpentinlappen über bestimmte Stellen seiner Leinwand, wischt einiges aus, mischt Farben neu. »Nie werde ich den Ton deiner Haut und ihr Leuchten so abbilden können, wie er in Natur ist«, murmelt er, fast verzweifelt. »Ach Luise! Du wärest mir noch für viele Sitzungen gut und für viele Bilder! Es ist ewig schade … Du könntest mir helfen, mit dir könnte es gehen – das große Bild, das ich malen muss!«

»Dauert es noch lange, Professor? Irgendwann wird es zur Schinderei.« Markwart lässt resigniert die Palette sinken. »Du hörst gar nicht zu«, sagt er. »Nun ja. Es ist gut. Wir machen Schluss. Danke, Luise.«

»Ich kann mich kaum rühren!«, klagt sie. »So schlimm war es noch nie! Sie haben es heute wirklich übertrieben!« Sie dreht den Kopf, bewegt die schmerzenden Schultern.

»Schließlich war es die letzte Sitzung. Jedenfalls nach deinem Willen.«

Luise stöhnt, reibt sich den Nacken.

»Ich lass dir ein heißes Bad ein«, schlägt er vor. »Danach fühlst du dich wie neugeboren.«

»Ein heißes Bad?« Luise sieht ihn misstrauisch an. Sie hat es zwar gesehen, dieses Badezimmer des Kunstprofessors, gekachelt, mit Wasserhähnen, die vergoldet sind, und einer Wanne, deren Füße sich verschnörkeln zu Löwentatzen, aber irgendwie ist ihr nicht in den Sinn gekommen, dass man dergleichen auch benutzen kann. Baden, das ist für sie eine Angelegenheit am Sonnabend, in der Küche, große Töpfe mit kochendem Wasser stehen auf dem Herd, Kaltes wird per Eimer herbeigeschafft, und nacheinander steigen alle in die Brühe, erst der Vater, falls er Lust hat, dann die Mutter, und dann die Mädchen in der Reihenfolge, Wurzelbürste und Kernseife und eine Schicht von Dreck und Hautschuppen, die obenauf schwimmt.

Der Maler bemerkt ihre Verunsicherung. Er lächelt in sich hinein. Ohne weiter auf sie zu achten, geht er in den Raum neben der Küche, und Luise hört, dass er die Wasserhähne aufdreht. Natürlich, bei Otto Markwart gibt es immer heißes Wasser …

Die Tür ist nicht abschließbar. Als er hereinkommt, kreischt sie auf und hält die Hände über die Brüste, aber Markwart lacht und setzt sich auf den Wannenrand.

»Luise! Überleg mal! Ich kenne dich von vorn und hinten, warum stellst du dich so an? Ist das Atelier etwas so anderes als ein Badezimmer?«

»Wenn Sie mich anfassen, können Sie was erleben!«

Er seufzt. »Anfassen, anfassen! Hast du keine anderen Sorgen? Ich wollte dir einen Vorschlag machen.«

»Machen Sie ihn, wenn ich rauskomme. Wenn Sie hier hocken, kann ich mich nicht entspannen. Dann tun mir meine Muskeln noch mehr weh als vorher. Haun Sie ab!«

»Mit dir hat man's nicht leicht!«

Sie zuckt die hoch gerühmten Schultern. Und er geht.

Rosig überhaucht sitzt sie schließlich an seinem Kaffeetisch, bekleidet mit Markwarts großem purpurroten Flauschmantel. Ihr Körper ist gelöst, aber ihr Herz ist ihr schwer. Sie weiß nicht einmal, ist es wegen des verpassten Rendezvous mit Bertram – oder doch auch, weil das hier das letzte Mal war? Es war ja zum Teil ganz amüsant, und sie wird die Annehmlichkeiten vermissen, den warmen Raum, so etwas wie das Bad hier, das Geplänkel mit Markwart. Und natürlich sein Geld …

Er hat noch mal ein paar Mark draufgelegt heute, als Abschiedsdouceur sozusagen. Sie stellt es fest, sagt nichts. Er hat's ja.

»Mein Vorschlag, Luise, ist folgender«, sagt er und rührt in seiner Kaffeetasse. »Ich würde dich gern fest anstellen bei mir. Als meine Haushälterin und als mein Modell. Du könntest hier wohnen, du weißt, die Dienstbotenkammer ist frei, ich hab ja nur die Zugehfrau. Nein, sag nichts. Lass es dir durch den Kopf gehen. Ich weiß, du hältst es mal wieder für ein unmoralisches Angebot, und ich kann mir freilich vorstellen, dass man sich die Mäuler zerreißen würde, wenn ich dich junges Ding hierher hole. Noch dazu jemanden, der so arisch aussieht.«

»Arisch? Was soll das nun wieder bedeuten?«

»So blond, so deutsch. So nichtsemitisch. Ich bin schließlich Jude.«

»Ach, Sie auch?«, sagt Luise und beißt sich auf die Lippe.

»Wieso **auch**?«, fragt er mit seinem süffisanten Lächeln.

»Ich hab 'nen Bräutigam«, sagt sie herausfordernd. »Und der …«

»Aha. Ich versteh schon. Aber du solltest mich so weit kennen, um zu wissen, dass ich nichts tun würde, was du nicht selbst willst. Ja, ich seh schon, du hast andere Pläne, und ich wünsche dir, dass sie gelingen. Aber erstens kommt es anders und zweitens als man denkt, wie die Berliner so schön sagen. Wenn was schief gehen sollte, wenn du weg willst auf Gedeih und Verderb – hier bist du willkommen. Für mich …« Er stockt. »Für mich wärest du wichtig. Ich hab deinen Rücken gemalt und dein Hinterteil und mich bemüht, das Leuchten deiner Haut zu treffen. Aber das Bild, in dem du wirklich steckst, das habe ich noch nicht gemalt. Und das wurmt mich. Ich wollte, irgendetwas von deinem Wesen könnte ich erfassen in einem der Bilder. Bloß – was weiß ich schon von dir? Ich weiß nur, dass du jetzt schon wieder so weit weg bist mit deinen Gedanken. Sicher bei deinem jüdischen Verlobten. Du kennst ja meine Adresse.« –

Zu so später Stunde geht er mit ihr vors Haus, um eine Droschke für sie anzuhalten. Sie haben Glück, dass bald eine vorbeikommt. In dieser Gegend, wo es erst vereinzelt städtische Wohnhäuser gibt, wo Schrebergärten und alte Bauernhäuser das Bild ausmachen und wo man von der letzten Pferdebahnstation noch fünfzehn Minuten laufen muss, passiert dergleichen nicht so häufig. Zum Abschied küsst Otto Markwart sie auf die Stirn.

Im Dunkel der Kutsche schließt Luise die Augen. Das war das.

Jetzt hat sie wieder Zeit für Bertram. Jetzt muss man an die Zukunft denken. –

Am nächsten Tag kauft sich Luise den Wintermantel mit Pelz, und es reicht sogar noch für eine passende Kappe. Ist zwar bloß Kaninchen, sieht aber aus wie was Echtes.

Mit Agnes scheint auch alles geklappt zu haben. Jedenfalls gibt sie an, Bertram erreicht zu haben. »Und? War er sehr enttäuscht?«, fragt die Schwester. Agnes zuckt die Achseln, da hat sie wohl nicht drauf geachtet.

Komisch findet Luise nur, dass die andere den Groschen gar nicht erwähnt, den sie ihr noch schuldig ist. Also von allein rückt sie den natürlich nicht raus.

Die Woche vergeht, und Luise hört nichts von ihrem Freund.

Inzwischen ist es richtig kalt geworden, und nach der Kälte kommt der Schnee. »Februar im Schnee – tut am meisten weh«, sprüchelt Mutter Sander und seufzt, und Luise fragt sich, was für eine Bedeutung diese alten Bauernregeln hier in Berlin eigentlich noch haben, die die Mutter immer im Mund führt, wie zum Beispiel »Mai kühl und nass – wohl gefülltes Fass«. Damit ist ja bestimmt nicht die Regentonne gemeint. Ganz zu schweigen von »Ist die Kirsche rot – kommt die größte Not«.

Die Mutter beginnt wieder zu husten. Nachts erfüllt das dumpfe Gebell das Souterrain, und Wilhelm Sander knurrt unmutig im Schlaf und wälzt sich hin und her. Die Mädchen sind nicht wach zu kriegen, und so steht manchmal Luise auf, facht die Glut im Herd neu an und macht für die Kranke eine Tasse lösenden Leinsamenaufguss.

Seit Anna Sander ihrer ältesten Tochter gleichsam untersagt hat, sich mit dem Jungen vom Vorderhaus abzugeben, haben die beiden noch kein Wort über das Notwendigste hinaus miteinander geredet.

Es schmerzt und beunruhigt sie, dass sich Bertram nach dem missglückten Rendezvous noch nicht wieder bei ihr gemeldet hat. Schließlich hält sie es nicht mehr aus und bringt ein Briefchen zu Frau Lehnert, der Köchin. *Zur gewohnten Zeit im Kontor …*

Bertram empfängt sie am Tor der ehemaligen Fourragehandlung und ohne die Hunde.

»Im Kontor geht es nicht. Der Prokurist macht Überstunden – die Bilanz!«, sagt er hastig. Er küsst sie auf die Wange und wirkt seltsam verlegen. »Wir können in mein Bastellabor gehn, aber du weißt, da ist es kalt. Und leise müssen wir sein wie die Mäuschen. Man hört jeden Mucks von da oben, wenn man im Kontor sitzt.«

Luise muss schlucken. »Ich hab mir unser erstes richtiges Wiedersehen anders vorgestellt«, sagt sie. »Bist du so böse, weil ich noch einmal absagen musste? Es war das letzte Mal, dass ich da hingegangen bin. Es ist vorbei. Endgültig vorbei, Bertram.«

Er lehnt am Torpfosten und sieht sie nicht an.

»Ja, ich war schon sehr enttäuscht«, murmelt er. »Aber böse bin ich nicht. Es ist bloß ungünstig im Augenblick.« Er kaut an der Lippe.

Sie stehen da voreinander im Schnee. Luise hat den neuen Mantel an und die schöne Pelzkappe, aber er nimmt nicht einmal Notiz davon. Was ist bloß mit ihm passiert?

»Bist du traurig?«, fragt Luise. »Bedrückt dich irgendwas? Du wirkst so verändert.«

Er schüttelt den Kopf.

»Aber du hast mich doch noch lieb?«, fragt sie, halb scherzhaft.

Er starrt sie an, und seine Augen sind wild. Dann nimmt er ihren Kopf in beide Hände und schreit ihr förmlich ins Gesicht: »Wie kannst du so was überhaupt fragen? Wie kannst du daran zweifeln? He? Verrat mir das!«

Sie macht sich erschrocken los. »Es war nicht so gemeint«, sagt sie begütigend. »Bitte, Bertram. Nicht so heftig. Ich weiß doch, dass du mich lieb hast. So wie ich dich.«

»Entschuldige«, murmelt er und atmet tief und stockend aus. »Ich bin ein bisschen nervös. Morgen ist Griechischklausur.«

Luise möchte heulen. Aber das kann sie ja auch noch auf dem Nachhauseweg.

»Ich krieg kalte Füße, Bertram. Besser, ich gehe. War sicher dumm von mir, dich einfach so zu bestellen. Aber ich hab es vor Sehnsucht nicht mehr ausgehalten. Irgendwann hast du wieder Zeit für mich, ja?«

Sie beugt sich vor, um ihn zu küssen, und er erwidert den Kuss so lang, so innig, als würden sie sich das letzte Mal sehen.

Als sie schon ein paar Schritte vom Tor weg ist, kommt plötzlich Leben in ihn. Er rennt ihr nach. »Luise! Warte doch! Jetzt haben wir doch endlich den Schnee für unsere Schlittenfahrt! Jetzt kann ich mein Versprechen einlösen! Diesen Sonntag, ja? Diesen Sonntag kutschier ich mein Mädchen durch den Tiergarten und die Linden entlang. Guck mal. Ich trag auch deinen Ring am Finger, hier, siehst du? Luise! Ich freu mich schon so!«

Er fasst sie an den Händen, seine dunklen Augen strahlen. Er ist wieder der alte Bertram, ihr Held.

»Abgemacht«, sagt sie. »Das ist doch 'n Wort, Herr Glücksmann. Da hat man was, woran man abends denken kann.«

Vielleicht ist es wirklich bloß die Griechischklausur? –

Unten im Kontor sitzt tatsächlich der Prokurist des Hauses Glücksmann und schiebt die Zahlen hin und her. Ungewöhnliches ist angesagt: Der Chef selbst will in den nächsten Tagen die Bücher einsehen – eine Tatsache, die dem Hauptbuchhalter den Schweiß aus den Poren treibt. Seine einzige Hoffnung ist, dass Herr Glücksmann nicht allzu viel von Zahlen versteht.

Bertram geht zurück in seine alte, kalte Futterkammer. Freilich ist er da nicht allein. Von ein paar alten Matratzen, eingemummelt in eine der Steppdecken, mit denen man die Pferde vor Erkältungen schützt, leuchtet ihm Agnes' rötlicher Haarschopf entgegen –

Er lehnt sich an den Türpfosten, schließt die Augen. »Ich will das alles nicht. Nicht so«, murmelt er.

»Soll ick nich mehr kommen?«, fragt das Mädchen.

Er sieht sie nicht an. »Ich weiß es nicht.«

»Ick dachte, wir sollten 'n bisschen Spaß hab'n. Aber nach Spaß sieht det jar nich mehr aus. Du bis der reenste Trauerkloß.«

Bertram schweigt.

»Keene Antwort is ooch 'ne Antwort«, bemerkt Agnes und versucht zu lachen. »Is nich so schlimm. Oder denkste, ick weeß nich, det ick bloß de Notnagel für meene Schwester war? Musst dir meinetwegen keen Kopp machen. Sag mir wenigstens, det et schön war.«

Er nickt mit gesenktem Kopf.

Sie schält sich aus ihren Decken heraus, stellt sich vor ihn.
»Bertram, he, Bertram. Guck mir doch wenigstens an!«

Er packt sie an den Schultern und beginnt, sie mit einer Art Wut zu küssen, ihren Mund, ihren Hals, den Ansatz ihrer Brust, drängt sie zu den Matratzen.

»Leise, denk an den Hauptbuchhalter unten!«, sagt Agnes, und in ihrer Stimme ist Spott. »Is det deene Masche, mir zu sagen, ick soll nich wiederkommen? Na, offenbar hat et dir die Sprache verschlagen.«

Aber dann ist auch ihr das Reden vergangen.

Er hat es auf die andere Tour versucht. Hat beim Vater einfach um ein paar Taler gebeten. Er hätte da noch Verpflichtungen.

Walther Glücksmann, zerstreut wie immer und offenbar mit noch mehr Schampus intus wie sonst am frühen Nachmittag, hat bloß den Kopf geschüttelt. »Ein bisschen Enthaltsamkeit steht dir an, mein Sohn.«

»Aber es ist von früher —«

»Als du noch in die Kasse greifen konntest, meinst du? Tut mir Leid. Im Augenblick muss ich selbst —«

»Was musst du, Papa?«

Walther Glücksmann verzieht die Lippen zu einem ironischen Grinsen. »Ich muss sparen, Bertram!«, sagt er. Es hört sich an, als wenn er von was Unanständigem reden würde.

»Aber du sitzt Nacht für Nacht am Spieltisch!«

»Was hat das eine mit dem anderen zu tun? Ich rede von Geschäften!«

Bertram fallen die Reden auf der Soiree ein. »Hat es was mit dem Guano zu tun?«

»Was weißt du denn von Guano? Kümmere dich um deine Lateinvokabeln!«

»Vater, ich hab da was gehört. Guano soll überhaupt nichts mehr …«

»Himmel, hab ich einen neunmalklugen Sohn! Die Kurse für Guano fallen im Moment, das weiß ich besser als du. Irgendwelche Fantasten versuchen, chemischen Dünger auf den Markt zu bringen – hirnrissig. Mein Bankier, der große Petersen aus Hamburg, schlägt sich vor Lachen auf die Schenkel, wenn er das hört. Er hat mich sehr bestätigt in dem, was ich mache. Der Rückgang ist nur vorübergehend. Also mach dir keine Sorgen.«

»Und wenn die dich reinlegen wollen?«

Walther Glücksmann zieht amüsiert eine Augenbraue hoch. »Mich reinlegen? Bertram, mein Filius, wer erzählt dir denn so etwas? Was für einen Grund sollten sie denn haben? Immerhin bin ich doch recht profitabel für sie.«

Da sitzt er, der große Mann von Welt, überlegen und lässig, und hat keine Ahnung. Was soll Bertram machen? Soll er ihm sagen: Die wollen dich ruinieren, weil du Jude bist? Der Vater würde ihn für total verrückt erklären. Schließlich ist das halbe Großkapital in jüdischen Händen und – und nun sagt er auch noch: »Schon erstaunlich, was sich ein junger Mann alles einfallen lässt, wenn er in Geldverlegenheiten ist!«

Nein, es hat keinen Zweck. Der Vater wird schon wissen, was er macht, und schließlich und endlich kann ja das bisschen Vogeldreck das Vermögen insgesamt nicht tangieren. Hofft Bertram.

Vergisst den ganzen Kram. Sieht sich nach Hilfe von anderswo um.

Nun hat Bertram also Schulden gemacht. Bei seinem Vetter aus Amerika. All seine Klassenkameraden, die sich so gern von ihm freihalten ließen, als er noch in Papas Kasse griff – die haben ihm die kalte Schulter gezeigt. Ganz anders der Amerikaner.

Bertram hatte ihm hin und wieder ein Treffen mit Bernadette vermittelt. Und als Franklin Klugman seine Bastelstube über der alten Fourragehandlung besichtigt hatte, war er hellauf begeistert.

»Das wird ein Patent, ich schwöre, es wird ein Patent!«, hatte er angesichts Bertrams Versuchen, Hören und Sprechen beim Telefon über zwei unterschiedliche Membranen zu leiten, ausgerufen. Und Bertram erfuhr zum ersten Mal, dass Cousin Klugman in Baltimore zu den Gründungsmitgliedern einer Firma gehörte, die sich General Electrics nannte und speziell Bau, Vertrieb und Verbreitung von Telefonen und Telegrafen förderte.

Als Bertram ihn, halb scherzhaft, mit klopfendem Herzen »in Hinblick auf die große Zukunft« um ein paar Taler anging, hatte er ohne weiteres seine Brieftasche gezückt.

»Und in Hinblick auf eine mögliche Verschwägerung!«

Dazu hatte Bertram erst einmal vorsichtig geschwiegen.

Egal wie – der Schlitten für die Ausfahrt konnte angemietet werden.

Es wäre einfacher gewesen, wenn man auf den eigenen Fuhrpark zurückgegriffen hätte. Aber das hatte der Vater dem Sohn unmissverständlich untersagt. Kein Dogcart, kein Schlitten und kein Pferd dazu.

Dieser Schlitten ist sehr hübsch, mit Glöckchen und einem Bogen, wie es die hier ansässigen Russen in der Alexandrowka bei Potsdam haben, darunter läuft das Pferd, und auch ihm sind Glocken in die Mähne geflochten.

Bertram hat extra kein Modell mit Kutschbock genommen, sondern einen Zweisitzer, damit er neben Luise sein kann.

Innen gibt es Pelze und Decken aus rötlichem Veloursamt, und sogar eine warm verpackte Kanne mit Glühwein und dazugehörigen Bechern ist im Preis inbegriffen.

Der Tag ist wie geschaffen für so eine Spazierfahrt. Klar, nicht allzu kalt, sonnig. So ein Tag lockt die Leute ins Freie. Der Neue See ist zugefroren, man kann darauf Schlittschuh laufen. Da gibt es Buden mit Krapfen und Warmbier. Luise erinnert sich, dass sie auch manchmal mit dem Vater dorthin gegangen ist, als sie noch klein war – nur sie. Agnes kam nicht mit. Sander wollte doch nur sein schmuckes Kerlchen vorführen, nicht irgend so eine rothaarige Göre. Aufs Eis ist sie damals auch gegangen, aber nur schlittern. Für Eislaufschuh mit Kufen war kein Geld da, nicht mal leihweise.

Nun fährt sie mit Bertram vorüber, stolz wie eine Spanierin, und die Leute gucken dem Gefährt hinterher. Ja, guckt nur. Das bin ich, Luise Sander, mit Pelz am Mantel und Kappe aus Pelz und Schleierchen drum, aber so, dass man mein Gesicht gut sehen kann, an der Seite eines jungen Mannes, nach dem sich so manche die Finger abschlecken würde. Bertram Glücksmann. Mein Freund. Mein Verlobter.

Sie erinnert sich wieder an ihre Sommerausfahrt im Spandauer Forst. Winters wie sommers fahr ich mit dir. Wir gehören zusammen.

Bertram kutschiert gewandt und sicher, und der Schlitten gleitet über die verschlungenen Wege des Tiergartens. Die beiden Hunde, die ihnen zur Seite laufen, machen ihr Fahrzeug unverkennbar. Man kennt die Hunde, man weiß, zu wem sie gehören. Ganz Berlin, denkt Luise frohlockend. Ganz Berlin sieht uns fahren.

Reiter begegnen ihnen und erwidern lässig Bertrams Gruß, und er nennt Namen. Luise hat sie noch nie gehört, aber es sind genug »vons« dabei, um ihr Herz höher schlagen zu lassen. Andere Kutschen kommen ihnen entgegen. Man wird gesehen.

Der Fahrtwind treibt Tränen in Luises Augen. Ja, es ist nur der Fahrtwind.

Sie wischt sie verstohlen mit dem Handschuh ab. Bertram muss das nicht merken.

Als sie beim Großen Stern auf die Fahrstraße einbiegen, zeigen sich die ersten Wolken am Himmel. Es wird allzu früh Abend. Die Wolken sind rosa und grau und sehr groß. Luise lehnt ihren Kopf an Bertrams Schulter.

»Das hab ich mir gewünscht wie toll und verrückt«, sagt sie mit einem leisen Lachen. »Dass du mir zeigst, wir gehören zusammen. Und dass du's allen anderen zeigst. Bertram, ich bin so froh, dass alles wieder gut ist. Oh Gott, was bin ich froh.«

Ihre Hand tastet unter der Decke nach ihm, streichelt seinen Schenkel. Er sieht geradeaus.

»Wenn wir durchs Brandenburger Tor sind, muss ich dir noch was sagen, Luise«, bemerkt er.

»Nur zu. Ich kann's kaum erwarten.«

Er seufzt. »Na ja, oder vielleicht erst beim Schloss.«

»Du machst es ja spannend! Hast du mir Missetaten zu beichten?«, fragt sie scherzend. Er antwortet nicht, kaut an der Lippe und strafft sich. »Erst mal haben wir hier eine herrliche glatte Strecke vor uns«, sagt er. »Wir legen jetzt mal richtig los, ja?« Er schnalzt mit der Zunge und bringt das Pferd zu einem Galopp. Die Hunde toben mit hängenden Zungen ihnen zur Seite. Weiße Wolken steigen vom Pferdemaul auf.

Warum kann das Leben nicht jeden Tag so sein? Warum muss man zurück in diese Hinterhofwohnung mit den feuchten Wänden, den lichtlosen Räumen, dem Bett, das man nicht für sich allein hat, der hustenden Mutter – ach. Auf ihrer Stirn erscheint eine Falte.

Bertram sieht sie von der Seite an. Sie sind jetzt hinter dem Brandenburger Tor, und er lässt das Pferd wieder in Trab zurückfallen. »Du guckst so böse«, stellt er fest. »Da hab ich gar keinen Mut mehr, zu reden.«

»Ich guck nicht böse, bloß nachdenklich«, erwidert Luise. »Und du spannst mich auf die Folter mit deinem Getue. Red endlich. Hast du die Kronjuwelen geklaut, oder was ist?« Sie boxt ihn scherzhaft in die Seite.

»Ach, Luise!«

Sie nähern sich der Kreuzung Friedrichstraße. Luise reckt den Hals. Was ist da vorn eigentlich los?

»Luise, es geht um den Tag, als ich mit dir im Kontor verabredet war. Da hast du Agnes zu mir geschickt. Und da …« Er zieht die Zügel an. »Du lieber Himmel«, sagt er erschrocken. »Was soll das? Was wollen die alle?«

Sie scheinen von überall her zu kommen, als würden sie den Hauswänden entsteigen und aus den Nischen quellen. Sie sind hinter ihnen in der Wilhelmstraße und kommen vorn aus der neustädtischen Kirchstraße, sind neben ihnen und auf dem Trottoir und unter den kahlen Bäumen, und besonders scheinen sie vorn an der Friedrichstraße zu sein, wie ein großer dunkler sich bewegender Klumpen.

Es sind Männer in abgerissenen Jacken, trotz der Kälte ohne Paletot, die Mützen tief ins Gesicht gezogen, manche mit einem Schal um den Hals gegen die Kälte. Es sind Frauen in Schürzen und Umschlagtüchern, und viele haben ihre Kinder bei sich, blasse, krummbeinige Kinder, so krummbeinig wie Luises kleine Schwestern. Sie sind seltsam still, und ihr Atem bildet in der klaren Winterluft, in diesem beginnenden Abend, kleine Wolken vor ihren Mündern. Es sind sehr viele. Und sie gehen alle in eine Richtung.

»Zum Schloss! Bertram, die wollen zum Schloss!«, flüstert Luise. Sie ist ihrem Freund in die Zügel gefallen und zwingt ihn, langsam zu fahren. Aber es wäre auch gar kein Durchkommen. Sie würden nur jemanden umreißen in dem Gedränge. Man muss sich einfach ihrem Tempo anpassen, ob man will oder nicht.

Die Hunde drängen sich dicht an den Schlitten. Sie knurren, und ihr Nackenfell hat sich aufgerichtet. Offenbar fürchten sie sich, und genau so offenbar ist, dass ihre Furcht jeden Augenblick in Aggressivität umschlagen kann. Und Bertram guckt beinah so verängstigt um sich wie seine Tiere.

»Was wollen die?«

»Ich frag sie gleich«, sagt Luise mit der Ruhe ihrer Erfahrung. »Aber erst nimm die Hunde in den Schlitten. Komm, wir lassen sie unter den Plaid liegen und befehlen ihnen, ruhig zu sein. Mach schnell. Nicht, dass die Hunde jemanden angreifen.«

Ohne Widerrede gibt Bertram ihr die Zügel in die Hand, ruft die beiden Tiere mit leisem scharfen Kommando an. »Hopp, Castor, spring, Pollux. Ja, so ist es gut. Kusch.« Den zweiten muss er am Nackenfell in den Fond des Schlittens zerren.

Sie sind inzwischen so eingekeilt, dass es keinen Sinn macht, das Pferd lenken zu wollen. Sie bewegen sich einfach im Strom mit. Die Männer, Frauen und Kinder scheinen sie gar nicht wahrzunehmen. Sie haben ihr Ziel.

Direkt neben ihnen geht eine schwangere Frau mit einem Kind auf dem Arm. Ein zweites Kind, nicht älter als drei oder vier Jahre, hängt ihr am Schürzenzipfel und stolpert mit. Es weint.

»Jeben Se mir det Krott«, sagt Luise in unverfälschtem Berlinisch zu der Frau. »Un die andere Blaje ooch. Wir könn' hier allemal nich raus. Da könn' se ooch mitfahren.«

Die Frau reicht Luise die Kinder und Röte fleckt ihr blasses Gesicht.

»Danke schön, Frolleinchen«, murmelt sie. »Wirklich sehr jefällig.«

Ziemlich verblüfft registriert Bertram, dass in seinem kleinen Mietschlitten nun außer seinen Hunden auch noch zwei rotznasige Gören hocken und sich staunend und stumm an der Kante festklammern.

Wejen was jehn Se 'n los?«, fragt Luise beiläufig, und die Frau antwortet: »De Brotpreise. Soll'n wa vahungern?«

Sie sind inzwischen über die Friedrichstraße hinaus und nähern sich der Oper. Der Menschenstrom ist wie ein großer Sog. Sie könnten nicht vor und nicht zurück. Einige Passanten versuchen vergeblich, dagegen anzugehen. Sie werden einfach mitgerissen.

»Brotpreis?«, fragt Bertram im Flüsterton. »Was ist mit dem Brotpreis, Luise?«

Sie sieht ihn von der Seite an. »Weißt du das wirklich nicht? Nein, natürlich weißt du es nicht, Herrensöhnchen.« Sie sagt es nicht böse, nur amüsiert. »Die Ernte soll schlecht gewesen sein. Darum ist das Brot viel teurer geworden diesen Winter, und nach Weihnachten hat es noch mal aufgeschlagen. Die Kartoffeln haben schon endlos lange Keime im Keller. Die kann man nicht jeden Tag essen, und sie faulen auch weg. Ja, von irgendetwas müssen sich die Leute ja doch ernähren.«

»Woher weißt du das alles?«

»Ich kauf auch manchmal Brot ein, Bertram.«

»Und nun?«

»Sie denken wohl, dass der Kaiser helfen soll.«

Der Schlitten knirscht mühsam über das Pflaster. Hier ist der Schnee weggetreten worden. Um sie herum beginnen die Leute sich jetzt anders zu bewegen. Sind sie vorher nur irgendwie getrottet, so fassen sie jetzt Tritt, straffen sich. In der Nähe des Schlosses scheint sich so etwas wie ein Sprechchor zu formieren.

Bertram reckt den Hals.

Da vorn glänzt es wie Metall. Eine blitzende Kette bewegt sich auf sie zu.

»Scheiße, die Polente!«

Die Bewegung stockt, vom Schlossplatz entwickelt sich eine Welle, die zurückflutet, Kinder weinen, eine Frau kreischt auf, es wird eng. Das Pferd vor dem Schlitten schnaubt angstvoll und tänzelt auf der Stelle, und Bertram kann es nur mit Mühe beruhigen.

Luise hält die beiden fremden Kinder fest, sie drückt sich eng an ihren Freund. »Es ist berittene Gendarmerie«, flüstert sie.

Wie eine Reihe von Schnittern, die sich sensenschwingend durch ein Kornfeld bewegt, kommt die Formation auf die Menschen zu. Über den Köpfen der Demonstranten schimmern die Pickelhauben im letzten Tageslicht, funkeln die gezogenen Säbel.

Die Polizisten schlagen mit der flachen Klinge auf die Menschen ein.

»Wir müssen hier raus!«

Das Schlittenpferd wiehert in Panik und steigt im Geschirr, die Kinder kreischen. Verzweifelt hält Bertram nach einer Möglichkeit Ausschau, dem Hexenkessel zu entkommen. Sie sind bereits kurz vor der Schlossbrücke. An der rechten Seite, kurz vor der Spree, sieht er einen freien Raum. Er reißt das Pferd herum und schlägt rücksichtslos mit der Peitsche zu.

»Meine Kinder!«

Die schwangere Frau hat sich am Schlittenrand festgeklammert und läuft mit. Luise beugt sich vor, um ihr die Hand hinzuhalten. »Steigen Sie auf die Kufen, schnell!« Die Frau stolpert, Luise fasst nach und hält sie fest. Bertram jagt das Pferd die Unterwasserstraße entlang, der Schnee stäubt, die Menschen rennen brüllend beiseite. Er beugt sich weit nach links, um zu verhindern, dass das rechtslastige Gefährt umkippt.

Am Werder'schen Markt sind sie dem Hexenkessel entkommen. Von fern hören sie das Geschrei und die Sprechchöre. Bertram hält an. Luise, selbst zitternd wie Espenlaub, hebt die heulenden Kinder vom Schlitten herunter und gibt sie in die Arme der Frau.

»Das war knapp!«

Bertram steigt ab, um das Pferd zu beruhigen. Die Hunde liegen im Schlittenkorb und geben keinen Mucks von sich. Kluge Tiere.

Die Frau schiebt ihr Kopftuch zurück, lauscht. »Es is nur, det se nich schießen«, knurrt sie heiser. »Meen Oller is da vorne mit bei.«

Luise horcht in die inzwischen vollständige Dunkelheit hinein. »Die singen ja! Hört sich an wie 'n Choral.«

»Is 'n Arbeiterlied, Frolleinchen. Wacht auf, Verdammte dieser Erde … Nichts for unjut. Und danke fürs Mitnehmen.«

Sie beläd sich mit dem kleineren Kind und fasst das zweite an der Hand. Ehe Luise etwas erwidern kann, ist sie weg, Richtung Friedrichsgracht. Luise starrt ihr nach. »Ich glaub, die stürzt sich wieder rein«, murmelt sie vor sich hin.

Bertram hat das Pferd beruhigt. Nun lockt er die stillen Hunde aus dem Schlitten. Vor Aufregung müssen sie sich beide in den Schnee hocken, ehe sie sich von ihrem Herrn streicheln und kraulen lassen.

»So«, sagt Bertram und steigt wieder auf. »Ich denke, wir fahren über die Gertraudenbrücke nach Haus. Bloß weg von diesem Hexenkessel.« Er ordnet die Zügel. »Alles in Ordnung, Luiseken?«

Sie nickt, unfähig zunächst zu einer Antwort, schmiegt sich an ihn. Als sie ein Stück weiter weg sind, flüstert sie: »Das haste gut gemacht, Bertram. Danke.«

»Ich hab bloß zugesehen, dass ich dich in Sicherheit bringe.«

»Und die Frau und die Kinder.«

»Die waren mir eigentlich egal. Mir ist's um dich gegangen.«

Luise schweigt.

Bertram sieht zu ihr hinüber. Die Tränen laufen ihr übers Gesicht.

»Halt mich fest, Bertram, halt mich bloß fest«, flüstert sie und lehnt sich an ihn.

Er gibt dem Pferd die Zügel hin, das läuft auch von allein, zuckelt nach Haus. Er schlingt seine Arme um die Weinende und zieht sie an sich. Ihre heiße, tränenfeuchte Wange ist an seiner, ihr Mund sucht seine Lippen. Unter der Decke machen sich ihre Hände an den Knöpfen seines Mantels zu schaffen.

»Heute, Bertram Glücksmann, könntest du von mir alles haben, wenn du wolltest.«

»Luise! Ich liebe dich, du weißt es.«

»Und ich will es immer noch mehr wissen. Immer wieder.«

Die Gaslaternen sind immer noch nicht angezündet. Vielleicht kommen die Leute nicht durch, wegen der Sachen da vorm Schloss und Unter den Linden. Vielleicht eine Störung im Gaswerk oder ein Streik. Der Schnee gibt Licht genug. Das Pferd findet den Weg allein, und die müden Hunde trotten hinter dem Schlitten her.

»Bertram?«

»Ja, Luise?«

»Was war's, was du mir vorhin erzählen wolltest – bevor wir an der Friedrichstraße waren?«

»Keine Ahnung mehr«, murmelt er zwischen den Küssen. »Unwichtig. Was zum Vergessen.«

5. Entscheidungen

Der Schnee schmilzt und das ist Luise gar nicht recht. Als es noch geschneit hat und von Zeit zu Zeit getaut und dann mal wieder gefroren, da hatte Wilhelm Sander doch wenigstens zu tun. Musste fegen und streuen. Da war zum Glück keine Zeit, sich seiner Familie zu »widmen«.

Luise ist fertig.

Die Mutter hustet, die Wäsche bleibt liegen, das Geld kommt nicht rein. Abends fühlt sie sich wie gerädert. Manchmal schläft sie sogar über der Schularbeit ein und wird erst vom dumpfen Husten der Mutter wieder wach. Keine Zeit, sich mit Bertram zu treffen! Wenn sie an die Schlittenpartie zurückdenkt, kommt ihr das vor wie vor Jahren. Kläglich, dieser Vorfrühling.

Am meisten Ärger macht Agnes. Ihre Stelle als Zeitungsausträgerin hat sie verloren, weil sie zu oft verschlafen hat.

»Macht nichts«, erklärt sie der Schwester. »Ick fang in de Zijarettenfabrik an. Bei Josetti werden noch Meechen jesucht.«

Luise mustert sie schweigend. »Stehen nicht gerade in 'nem guten Ruf, die Zigarettenarbeiterinnen«, sagt sie dann. »Ich hab mir sagen lassen, dass das die übelsten Poussierstängel sind. Und die sollen sogar rauchen.«

143

Agnes lacht. »Jeroocht hab ick schon, da dachtest du, det ick noch Kindsmus nuckele«, bemerkt sie bissig. »Und mit wem ick poussiere, kann dir doch ejal sein. Wat willste denn? Ick bring Penunse ins Haus. Det is doch jetzt, wat zählt, oder? Muttern und Vatern müssen ja nich wissen, wo ick ackere.«

Aber nach einer Woche Zigarettenfabrik erklärt Agnes bereits, dass sie in den Sack haut.

»Ick hab de Neese pläng! Det is de pure Schinderei. Die lassen ein' im Akkord schuften, un wennste de Norm nich erfüllst, kommste mit wenijer als 'nem Hungerlohn nach Haus. Nee, nich mit mir!«

Luise hat keine Kraft, mit Agnes zu streiten. Die ist so zäh wie ein Stück nasses Fensterleder, da kann man ziehen und zerren, es geht doch immer wieder in seine Form zurück. Und mit Brachialgewalt erreicht sie bei ihr auch nichts mehr. Agnes ist genauso stark wie sie und hat keine Hemmungen, zurückzuhauen.

Dazu kommt, dass die Schwester offenbar auch nicht gesund ist. Wenn sie morgens aus dem Bett steigt, stürzt sie als Erstes zu dem Eimer in der Nische, und Luise hört sie würgen. Mal hat sie Heißhunger und isst den halben Topf mit kalten Kartoffeln leer, mal ist ihr alles zuwider. Ihr Gesicht, schon immer kreidig blass unter dem rötlichen Zottelschopf, ist jetzt geradezu durchscheinend, und um die Augen hat sie dunkle Ringe. Und schwindlig ist ihr auch immerzu. Luise hat zwar nie sehr viel für die Zweitälteste übrig gehabt, aber jetzt tut sie ihr Leid.

»Vielleicht hast du 'n Bandwurm«, rätselt sie. »Da musst du Heringslake trinken.«

Heringslake ist was Grässliches, und danach muss Agnes noch mehr brechen als vorher. Aber helfen tut's ihr auch nicht.

Und Bertram? Paukt fürs Abitur. Oder arbeitet mit dem amerikanischen Vetter in der Werkstatt. Und ihre alte Festung, das Kontor in der Fourragehandlung, ist ganz und gar nicht mehr benutzbar, weil der Prokurist so viel zu tun hat und zu den unmöglichsten Stunden arbeitet, und dann kommen da noch Adlati, Buchprüfer und Steuersachverständige, Anwälte und Börsenmakler, die alle merkwürdigerweise nicht in Walther Glücksmanns Beletage empfangen werden, sondern hier auf dem Hof.

Bei Sanders ist Schmalhans Küchenmeister. Aber Luise bleibt eisern. Ihr heimlicher Triumph: Noch immer hat sie unter der Matratze in dem Wollstrumpf ihre Taler verknotet. Und da wird nicht rangegangen, selbst wenn sie die Kartoffeln in Muckefuck stippen. Aber es kann noch schlimmer kommen: Steckrübentag.

Die Mutter hat anscheinend schon wieder den halben Tag am Waschtrog verbracht, als Luise von der Schule nach Haus kommt. Jedenfalls hängt sie hustend auf ihrem hölzernen Stuhl, und die Küche ist voller Waschwrasen – aber Luise riecht es trotzdem.

Steckrübentag.

Steckrüben werden gekocht, wenn gar nichts mehr geht. Wenn keine Kartoffel mehr da ist und kein Stückchen Hering, kein Kohlkopf zu einer Suppe und kein Mehl für eine dicke Breispeise und keine Brotreste für Arme Ritter oder eine Brotsuppe mit einem Apfel dran. Steckrüben sind so was Ähnliches wie Wrucken, aber sie sind im Herbst klein geschnitten und gedörrt worden und werden für Notzeiten in einem leinenen Beutel in der Zimmerecke aufbewahrt. Man kann sie kochen, so lange man will, sie fühlen sich zwischen den Zähnen immer an wie nasse Lappen, und man kann Kümmel dran schmeißen und Salz und, falls man ein bisschen Fett hat, sogar eine Einbrenne machen – Steckrüben sind Steckrüben und das Allerletzte.

Und der Vater ist »bei Laune«. Fürs Bier scheint es noch gereicht zu haben.

Es heißt: Es wird gegessen, was auf den Tisch kommt. Wir können es uns nicht aussuchen. Stimmt ja auch. Aber Steckrüben sind die Zerreißprobe.

Luise weiß, dass die kleine Lina das nicht essen kann, ohne über den Tisch zu spucken. Alle wissen das. Und alle wissen, was kommt.

»Nicht so viel!«, wehrt das Kind sich entsetzt, während die Mutter ihr auftut, aber Wilhelm Sander pocht bereits mit dem Fingerknöchel auf den Tisch.

»Noch 'ne Kelle, Anna, un nich zu knapp. Det woll'n wa ja ma sehn.«

Alles sitzt schweigend am Tisch und löffelt die Rüben in sich rein, und alles beobachtet Lina, die in ihrem Essen herumstochert, mal einen Löffel zum Mund führt, das Gesicht verzieht, mit dem Brechreiz kämpft, während Sander sich auch noch bemüßigt fühlt, genüsslich darzulegen, wie gesund Steckrüben sind.

Seine Augen glänzen. Er genießt die Vorfreude, dass er mal wieder zeigen kann, wer der Herr im Haus ist.

In einem unbeobachteten Moment nimmt Luise den Teller der kleinen Schwester und kippt die Hälfte des Essens auf den ihren. Sie hat keine Lust auf die Szene, die folgen wird. Aber das hilft auch nichts. Lina schafft auch den Rest nicht.

Nun sind sie alle fertig. Nun sitzen sie alle und gucken zu, was Lina macht.

Sie kann das nicht essen, das ist klar.

»So«, sagt der Vater gefährlich freundlich. »Soll ick det Kleinkind hier füttern?«

Unversehens hat er seinen Löffel gepackt, ihn voll gehäuft, und schiebt ihn dem Mädchen in den Mund. Lina würgt, prustet, spuckt. Das Essen ist wieder da. Und Sander hat seinen Grund.

»Am Essen rummäkeln, ja?«, brüllt er. »Dir werd ick's zeijen!« Als Erstes ist Linas Gesicht in ihrem Teller. Sie wird eingetaucht, bis sie fast keine Luft mehr kriegt. Die anderen am Tisch sitzen versteinert. Keine rührt sich. Dann schnallt Sander seinen Gürtel ab, zieht sich das brüllende Mädchen übers Knie und beginnt, sie zu verprügeln.

Die Mutter beginnt mit zitternden Fingern die Teller zusammenzuräumen. Agnes entwischt nach draußen. Hedwig hockt da wie ein verängstigtes Tier. Und Sander drischt und drischt, die Augen treten ihm fast aus dem Kopf, er ist rot angelaufen, sein Atem geht keuchend. Luise presst die Lippen aufeinander. Lina hat doch vorgestern schon so 'ne Tracht gekriegt, draußen auf dem Bürgersteig – weil sie sich um den Laternenmast gedreht hat. Die weiß doch gar nicht, wie sie im Bett liegen soll. Die stöhnt doch die halbe Nacht. Dieser Schinder.

Sie steht auf und fällt Sander in den zum neuen Schlag erhobenen Arm.

»Es reicht«, sagt sie ruhig. »Es reicht, Vater. Du weißt ja gar nicht, was du tust. Schlaf deinen Frühschoppen aus. Ich mag auch keine Steckrüben. Die kannst du keinem einprügeln. Und eh sie verhungert, wird sie sie schon essen.«

Sie nimmt dem erstarrten Mann den Gürtel aus der Hand und legt ihn auf den Tisch. »Lass die Kleene in Ruhe.«

Geht in die Schlafkammer und zieht die Tür hinter sich zu. Einen Moment noch herrscht Stille. Dann geht draußen das Getobe weiter. Sander brüllt, flucht, schreit. Hoffentlich hat Lina Mumm genug gehabt, wegzurennen oder wegzukriechen. Aber dann fangen die Schläge wieder an. Nach dem Geschrei ist jetzt wohl Hedwig an der Reihe. Sie, Luise, nie. Vaters schmuckes Kerlchen.

Sie sitzt auf ihrem Bett und presst die Hände über die Ohren. Das geht nicht mehr so weiter. Sie kann hier nicht mehr leben. Einer muss sie hier rausholen. Und der eine muss Bertram sein.

In der Waschküche fällt ein Stuhl um. Dann entfernt sich der schlurfende Schritt des Vaters. Der Stock klopft dumpf auf den Boden. Die Mädchen schluchzen und wimmern. Dann die heisere Stimme der Mutter: »Nu jammert nich rum. Euer Vater weeß schon, wat er macht. Räumt hier auf, und Ruhe is!«

Und das guckt sie sich nun schon sechzehn Jahre ihres Lebens an?!

Luise steht auf und hebt ihre schwere seegrasgepolsterte Matratze an, um den Strumpf mit dem Geld hervorzukramen. Ein Drittel lässt sie hier für die Schulden. Von einem Drittel mietet sie sich irgendwo 'ne Dachkammer, und wenn's im Scheunenviertel ist. Das letzte Drittel –

Luise erstarrt. Da ist kein Strumpf mehr, und da sind auch keine Taler. Da kann sie gucken, wohin sie will. Da ist gar nichts.

Die haben sie ausgeraubt.

Sie stößt die Tür zur Küche auf.

Lina liegt bäuchlings überm Stuhl und heult. Die Mutter hat sich hingelegt und die Decke bis zur Nasenspitze gezogen. Die ist für nichts verantwortlich.

Hedwig räumt ächzend den Tisch ab und stellt die Reste der Steckrüben auf den Herd zurück. Heute Abend noch mal Steckrüben.

Aber das kümmert sie jetzt wenig.

Sie ist mit zwei Schritten bei der Schwester und packt sie bei den Haaren. »Wer war's? Du hockst den lieben langen Tag hier herum. Du beobachtest jeden. Wer ist es gewesen?«

Sie reißt Hedwigs Kopf nach hinten, und die jault auf. »Lass mir los! Lass mir los, Luise! Ick hab jenug Dresche bezogen für heute. Lass mir!«

»Ich zieh dir das Fell über die Ohren«, sagt Luise leise, und ihre Drohung klingt ganz so, als wenn sie es wirklich machen würde.

Hedwig wimmert. »Lass los, und ich sag dir's.«

Luise lässt los, und die Schwester bringt erst einmal den Küchentisch zwischen sie beide. Sie hält ihren Kopf mit beiden Händen und stöhnt.

»Spuck's endlich aus! War es Agnes? Es muss Agnes gewesen sein!«

Hedwig beruhigt sich langsam. Sie mustert die Ältere mit hasserfülltem Blick. »Gnädiges Fräulein! Feine Dame! Das Geld scheffeln, und wir fressen Dreck! Geschieht dir ganz recht!«

Luise will wieder auf sie los, aber Hedwig hat hinter sich gegriffen und hält nun den Feuerhaken in der Hand. »Mir verkloppst du nich mehr! Du nich! Uff 'n Ball jehn, während wir Steckrüben fressen! Im Schlitten rumkutschieren mit 'nem Jalan, und wir sitzen hier in der Tinte! Fass mich nich an, oder ick hau dir det hier übern Kopp!«

»Dumme Gans!«, sagt Luise verächtlich. »Das traust du dich sowieso nicht. Du kannst von mir denken, was du willst. Aber ich werd rauskriegen, wer mein Geld genommen hat. Keiner hat's mir nachgeschmissen. Ich hab's schwer verdient. Ja, ich bin auf 'n Ball gegangen. Aber Steckrüben hab ich gefressen wie ihr auch. Klar, ich bin mit 'nem Schlitten kutschiert worden. Was willst du? Das Geld ist meins.«

Sie steht am Küchentisch, vornübergebeugt, die Hände aufgestützt, Entschlossenheit in den Augen. Hedwig hält dem Blick stand, ohne zu blinzeln. »Es war deins«, sagt sie ruhig. »Es ist ja weg.«

»Agnes?«

»Ja, Agnes hat es. Aber ich hab's ihr gesagt.«

»Du bösartige kleine Kröte, warum hast du …«

»Wenn du mir zuhören würdest, mal richtig zuhören, denn würd ick's dir sagen, Schwester. Zuhören, statt mir Prügel anzubieten.«

»Gut«, sagt Luise. Sie setzt sich auf den Küchenstuhl und verschränkt die Arme. Sie ist bleich bis in die Lippen hinein. »Gut. Ich will hören, was es für Gründe gibt, dass man in seiner eigenen Familie nicht sicher ist vor Langfingern. – Und du hör auf zu heulen!«, fährt sie Lina an, und die Kleine verstummt erschreckt.

Hedwig hat den Schürhaken nicht aus der Hand gelegt. Mit gesenkter Stirn schielt sie die große Schwester an, und in ihrem Blick ist ein solcher Hass, dass Luise erschrickt.

»Agnes hat et ers mit Kräuterzeugs versucht. Det war schon teuer jenug. Darum hat se bei Josetti angefangen. Aber se hat's nich durchjehalten, weil se immer umjekippt is. Denn is se zu 'nem Doktor jejangen. Der hat schon mal im Voraus kassiert. Und als se denn Termin hatte, da war der jerade verhaftet worden, aber det Jeld war ja weg. Da hat se noch mal wat jebraucht. Ville war nich mehr da. Aber se meint, et wird reichen. Die machen det nämlich nich für umsonst. Die nehmen's von de Lebendigen.«

Luise hat das Gefühl, dass eine Kälte sich in ihr ausbreitet. Irgendwie von der Mitte ihres Körpers her. Sie merkt, dass ihre Hände zittrig werden und presst die Fingernägel in die Handballen.

»Worüber redest du eigentlich, du nichtsnutziges Gör?«, fragt sie mit erzwungener Ruhe.

»Ick kann mir jar nich vorstellen, det du mir nich verstanden hast, außer du willst mir nich verstehn«, bemerkt Hedwig bitter. »Agnes is schwanger.« Den letzten Satz hat sie nur geflüstert.

Hedwig fährt fort, und es klingt Hohn in ihrer Stimme. »Klar, du merkst nischt. Wieso ooch. Du hast bloß deen Geschpusi im Kopp und deene Schule, du denkst bloß an dich. Deene Familie, det sind doch bloß lästije Kakerlaken for dir. Ob die leben oder sterben, det is dir Wurscht. Un wenn Agnes druffjeht bei de Sache, denn schreiste ooch bloß rum: Wo is mein Jeld? Die hat sich von mein Jeld umjebracht!«

»Hedwig! So denkste über mich?«

Hedwig schweigt. Sie steht da, guckt die Schwester von unten herauf an, hält ihren Schürhaken fest.

»Und jetzt? Was is jetzt?«

Hedwig zuckt mit den Achseln. »Heute wollte se hinjehn. Heute wollte se's machen lassen.«

»Wohin?«

»Bei die olle Karnickelschlachterin. Bei die Irxleben. Det is die Billigste.«

»Warum habt ihr mir das nicht gesagt?«

»Dir? Dir doch nich.«

Luise ist aufgestanden. Ihre Beine sind bleischwer. Sie geht zur Kammer und nimmt ihren Mantel vom Haken. Hedwig legt zögernd das Eisen aus der Hand.

»Wat hast 'n vor?«

»Na hinjehn doch. Kannste von mir denken, wat de willst. Aber det ick meene Schwester bei die olle Engelmacherin unters Messer lasse, det kannste vajessen. Kommt nich inne Tüte.« −

Es erscheint Luise so, als wenn sie Blei an den Sohlen hat. Dabei muss sie sich beeilen! Sie weiß doch gar nicht, wann Agnes angesagt ist bei dieser »Engelmacherin«. Das ist wie in bösen Träumen. Man denkt, man bewegt sich, und man kommt nicht vom Fleck.

Los, los!, spornt sie sich selbst an. Wie lange ist das her, dass sie das letzte Mal diesen Weg gegangen ist zu der Frau mit den blutigen Schürzen, um die Mutter zu finden? Vier Monate, fünf sogar? Von da an hat sich so viel ereignet – sie weiß gar nicht, was alles. Und von da an war es mit Bertram anders geworden.

Bertram – wie kommt sie denn jetzt auf Bertram? Warum kreisen ihre Gedanken um Bertram, wo es doch eindeutig nur um diese dusslige Schlampe von Schwester geht, die sie jetzt davor bewahren muss, eine nicht wieder gutzumachende Dummheit zu begehen …

Sie müsste rennen. Aber da steht sie am Rand dieses scheußlichen Scheunenviertels und zögert, als hätte sie alle Zeit der Welt. Gut, vor Anbruch der Dunkelheit wird diese Frau ihr Geschäft nicht verrichten, nimmt sie an. Es soll ja keiner sehen, wer zu ihr kommt.

Langsam, immer noch langsam macht sie sich auf den Weg. Ihr ist, als wenn die anklagenden und hasserfüllten Worte Hedwigs sie fast zu Boden drücken würden. Das Mädchen stand da mit diesem Schürhaken, bereit, auf sie loszugehen. Was hat sie bloß falsch gemacht? Sie hat sich abgerackert für die Familie. Hat ihre Pflicht erfüllt. Noch was? Offenbar ja. Irgendwas muss sie versäumt haben.

Plötzlich ist ihr, als hätte sie den Geschmack der Makronen auf der Zunge, jener Makronen, mit denen Bertram sie immer gefüttert hatte zwischen ihren Küssen, das Süße und das Luftige, das Zarte und das Vertraute – und es ist ihr, aus welchem Grund auch immer, als wäre das für alle Zeit dahin, aus und vorbei, und die Tränen schießen ihr in die Augen. Bertram, wieso kommt ihr immerzu Bertram in den Sinn? Den sollte sie jetzt wirklich draußen lassen.

Unwillkürlich haben sie ihre Füße weiter getragen, weg vom Scheunenviertel, hin zu der Ecke, wo diese Kaninchenschlachterei ist.

Aber stimmt das denn? Hat sie sich vielleicht in der Gegend geirrt? Im vorigen Jahr, als sie hier war, um die Mutter zu suchen, sah das doch alles ganz anders aus! Diese Kätnerbuden, diese komischen Scheunen und Quergebäude, dieser – mehr oder weniger – Kartoffelacker hier: Nicht wieder zu erkennen! Überall stehen Baugerüste, ist, trotz des Frostes, der ja noch im Boden sein muss, ausgeschachtet, zum Teil sind auch schon Fundamente hochgezogen. Zwei, drei Häuser haben sogar schon Richtkronen. Die bauen wie verrückt.

Und während Luise durch den Matsch stampft, die ausgefahrenen und nun aufgetauten Fahrspuren zu vermeiden versucht, Pfützen, so weit als möglich, umgeht und den unsäglichen märkischen Dreck über den Rand ihrer Schnürstiefel quellen fühlt, hält sie mit gerecktem Hals Ausschau nach dem Quergebäude, wo die Olle ihre Karnickelfelle zum Trocknen aufgehängt hatte.

Aber sie findet nichts.

Madame Irxlebens herrliche Schlachterei gibt's einfach nicht mehr. Alles nur Baustelle! Wo ist sie denn hin, diese Person? Irgendwo an den Rand von Berlin muss sie ja wohl gezogen sein bei ihrem Metier. Aber Berlin hat ziemlich viele Ränder.

Irgendwer quält sich durch diese verschlammte Straße rauf. Ein kleines Fuhrwerk. Ein Handwagen, vor den ein magerer Mischlingshund gespannt ist und hechelnd in den Seilen hängt. Außerdem zieht ein alter Kerl mit Schiebermütze und Wollschal am gleichen Strang. Ein Seifenhändler. Irgendwo in einer finsteren Ecke muss eine Abdeckerei sein. Aus Tierfett und Asche kochen sie da Seife. Wenn überhaupt einer, dann muss so ein Knabe wissen, wo die Olle abgeblieben ist.

Sie grüßt, und Mann und Hund bleiben stehen und schniefen beide. Sie haben verkrusteten Dreck an den Beinen – aber Luises Rock sieht auch nicht viel besser aus.

»Können Sie mir sagen, wo die Karnickelschlachterei abgeblieben ist?«, fragt Luise. »Die von der Madame Irxleben?«

Der Mann wischt sich mit dem Schal übers Gesicht. Er mustert sie von oben bis unten und sagt dann missbilligend: »Siehst eijentlich aus wie 'n anständiget Meechen. Aber bist wohl zu hübsch. Dummheiten jemacht und nu keene Lust, det auszufressen? Pfui Deibel! Mach lieber, det de nach Haus kommst!«

Luise zwingt sich ein Lächeln ab und kramt einen Fünfziger hervor – kleiner hat sie's nicht. Größer auch nicht.

»'n kleiner Beitrag für Hundefutter?«

Der Kerl grabscht danach mit einer Gier, dass völlig klar ist: In Hundefutter wird das nicht angelegt. Luises letztes Geld verschwindet in einer dreckigen Hand.

Wenn der mich jetzt ans andere Ende der Stadt schickt, denkt sie, dann hab ich nicht mal mehr die Groschen für die Pferdebahn.

»De Olle hat Richtung Zentralviehhof jemacht, un da jehört se ooch hin, wenn de mich fragst. Weidenstraße hockt se jetzt. Na, wo is denn det Kaninchen, det de schlachten lassen willst?« Er lacht hämisch.

Luise lässt ihn einfach stehen mit seinem stinkigen Karren und der müden Töle, die sich hingelegt hat in den Schlamm, sie geht ohne ein weiteres Wort an ihn zu verlieren, und er ruft ihr nach: »Nix zu danken, jern jeschehn!« Sie macht sich auf die Beine. Richtung Zentralviehhof. Da muss sie die Landsberger runter. Das kann man zu Fuß schaffen, und vielleicht nimmt einen ja irgendwer mit. Aber so oder so dauert das mehr als eine Stunde. Wahrscheinlich sogar zwei. Und wenn Agnes da heute hin wollte und vielleicht gleich los ist …

Die Landsberger ist 'ne richtige blöde Landstraße. Der Wind pfeift Luise entgegen und drückt ihr den Rock an die Beine. Ostwind. Wird wohl wieder kälter werden. Ein mistiger Frühling.

Eine Weile trottet eine Kuhherde vor ihr her, und sie vergeht fast vor Ungeduld.

Früher wurde das Schlachtvieh für die ganze Stadt ins Scheunenviertel gebracht. Bevor sie den großen Viehhof außerhalb bauten. Es stinkt. Bei Ostwind zieht der Schlachthofgeruch über den ganzen Friedrichshain. Luise hält sich das Taschentuch vor die Nase. Schlachthof. Karnickelschlachten. Kinder abtreiben. Ihr ist übel.

Die Weidenstraße grenzt tatsächlich direkt an diesen Viehhof. Man hört das Getier von jenseits der Mauer blöken und grunzen. Wirklich der passende Ort. Da hört keiner raus, wer schreit.

Es ist nicht schwer, die Irxleben zu finden. Sie hat sich in der neuen Gegend sogar ein Schild gemalt, damit man zu ihr gelangt. Dreist und gottesfürchtig. Die muss sich sehr sicher fühlen.

Wieder so ein Bauernhaus mit Schuppen dran, von den Besitzern aufgegeben. Wieder so eine unscheinbare Tür. Wieder diese Felle, die zum Trocknen aufgespannt quer über den Hof hängen.

Gerade als sie die Hand hebt, um anzuklopfen, hört sie hinter sich Schritte, die ebenfalls auf den Hof einbiegen.

Sie dreht sich um. Es ist Agnes.

»Ick jeh schon fast 'ne halbe Stunde hinter dir her«, sagt die Schwester mit einem schiefen Lächeln. »Hab ma überlejt, ob ick eenfach abwarte, bis de wieda Leine ziehst, und denn reinjehe. Aber wie ick dir kenne, hättste nich Leine jezogen. Du bis zäh.«

Luise muss sich erst mal anlehnen, hier an die raue, unverputzte Wand, und kurz die Augen zumachen. Sie ist nicht zu spät gekommen.

Dann stürzt sie auf Agnes los, packt sie bei den Oberarmen und schüttelt sie.

»Das machst du nicht! Das machst du auf gar keinen Fall, hörst du? Das lass ich nicht zu, nie und nimmer!«

»Warum? Wejen de Moneten? Die hat de Olle schon einjesackt, bevor se 'n Finger jerührt hat, det kannste jlooben.«

»Doch nicht deswegen, du dummes Luder! Weil du dabei draufgehen kannst, darum!«

Plötzlich füllen sich ihre Augen mit Tränen.

»He«, sagt Agnes gedehnt. »Schwesterchen. Haste etwa Jefühle? Und noch dazu for mir? Ick fass et nich.«

Luise beißt sich auf die Lippen. »Ich bin so froh, dass du da noch nicht drin warst! So froh! Agnes – das riskierst du nicht. Nicht, so lange ich da bin.«

»Hat also Hedwig jepetzt«, bemerkt Agnes und versucht ein Lächeln. Ein ganz und gar missglückter Versuch. »Und wie stellste dir det vor? Der Alte schlägt mich tot. Und Mutter is de Ehrbarkeit in Person, det weeßte. Schlimm jenuch, wenn sie selber manchmal schief jeladen hat. Dafür schämt se sich schon in Jrund und Boden. Und 'ne Tochter mit 'n lediges Kind – det wär für se det Ende.«

»Agnes! Muss es denn 'n lediges Kind bleiben?«

Agnes guckt ihre Schwester nicht an. Dann sagt sie leise: »Davon kannste ausjehn.«

»Aber wenn der Kerl, der …«

»Hör uff!« Agnes schreit fast. »Hör eenfach uff, ja? Ick will nich drüber reden. Jedenfalls nich jetzt. Und ick denke, ick sollte vielleicht doch da rinjehn. Is de beste Lösung, Schwesterken, wenn de mir deene Taler spendierst. Die Sache is aus de Welt. Und ick vielleicht jleich mit.« Sie lacht.

Luise schüttelt energisch den Kopf. »Nichts ist«, sagt sie. »Hier werden keine Kinder umgebracht und Mädchen erst recht nicht. Wenn der Kopp hingehalten werden muss, dann ist das nicht bloß deiner. Ich bin ja auch noch da. Und mir fällt was ein. Und das Erste, was mir einfällt, ist, dass wir von dieser Kröte da drin das Geld zurückholen. Das brauchen wir nämlich dringend. Weißte, warum ich überhaupt nachgeguckt habe vorhin? Ich wollte weg von zu Haus. Mir 'ne Bude mieten. Mir reicht's. Ich hau ab. Und du kommst mit.«

»Mit dem Bastard am Hals – det wird ja 'n feines Jespann!«

»Halt endlich den Mund. Ich bin die Ältere. Es wird gemacht, was ich sage.«

Sie hebt die Hand und klopft an die Tür der Irxleben.

Agnes sieht sie an und verzieht die Lippen, halb verzweifelt, halb spöttisch. »Luise, die Dampfwalze«, murmelt sie. »Da kommt sowieso keener jejen an.«

»Wer ist da?«, kommt es von drinnen.

»Agnes Sander«, erwidert Luise, und erst, als die Tür schon einen Spalt breit offen ist, fügt sie hinzu: »Und ihre Schwester.« Gleichzeitig setzt sie den Fuß rein.

Sie überblickt den Raum. Klar, da wird schon Wasser gekocht. Klar, da liegen schon Leintücher rum. Ihre Instrumente liegen darauf und schimmern metallisch.

Während sie an der Alten vorbeirauscht, Agnes im Schlepptau, brummelt die: »Is ja unjewöhnlich, det man noch wen mitbringt. Liebe ick nich.«

»Was denken Sie, was wir alles nicht lieben«, sagt Luise mit schmalen Lippen. »Wir haben uns überlegt, dass wir die ganze Kaninchenschlachterei nicht lieben. Ist uns zu viel Risiko dabei. Wir steigen aus. Und den Vorschuss zurück. Das Geld.«

»Wat denn für Jeld?« Die Irxleben ist ganz moralische Entrüstung. »Wofür denn Jeld, Frolleinchen? Hier muss 'n Irrtum vorliejen.«

Luise wirkt wie ein Eisblock.

»Ist Ihnen schon mal der Gedanke gekommen, Madame, dass keine von uns beiden wirklich Ihre Dienste gewollt hat? Dass das alles bloß 'ne Falle war? Hier sind Dinge ausgemacht worden, die kann meine Schwester bezeugen. Wenn wir damit zur Polente gehen – ich weiß ja nicht, ob Sie dann noch so viele Kaninchen zum Schlachten kriegen. Oder ob Sie die Welt überhaupt für 'ne Weile hinter schwedischen Gardinen begucken?«

Die Irxleben sieht von einer zur anderen.

»Ihr jehört zu die Scheißbullen, ja? Ihr seid Spitzelhuren ...«

Keine Antwort.

»Also jut. Wie viel?«

»Das, was meine Schwester Ihnen gegeben hat. Keinen Pfennig mehr.«

»Aber Luise ...«

»Sch! Keinen Pfennig von der dreckigen Mörderin.«

»So.« Die Irxleben schlurft zu einer Schatulle, die mit eisernen Ketten hinter dem Ofen festgemacht ist. Sie zieht einen Schlüssel aus ihrer Schürzentasche und öffnet die Kassette.

»Nehmt euren Schmott. Nehmt und haut ab. Mörderin sagt ihr zu mir. Macht's euch mächtig einfach. Jibt 'ne Reihe von armen Meechen, die küssen mir de Hände. Bloß. weil se mal Spaß hatten, soll'n se ihr Leben lang büßen. Landen uffm Strich oder im Asyl für jefallne Meechen. Un de armen Bälger, von denen ham keene 'ne jute Stunde im Leben. Janz so schlimm is det nich mit de olle Irxleben, lasst mal.«

Sie hat das Geld aus der Kassette gekramt. »So. Hier. Uff Heller un Pfennig. Nu seht zu, wie ihr fertig werdet. Und lasst mir in Ruhe.«

Sie sind wieder draußen, aus der dumpfen, miefigen Luft raus in den Ostwind, den Schlachthofwind, den stinkenden. Aber nun weht er sie ja von hinten an.

»Janz so Unrecht hat se nich«, sagt Agnes.

»Nee. Hat sie nicht. Aber für uns gilt das nicht.«

»Für dich.«

»Für dich auch nicht.«

»So, Schwesterherz. Nu haste also beschlossen, Agnes soll det Balg behalten. Und wie jeht's nu weiter?«

»Mir schwebt da was vor. Aber da muss ich erst nachfragen. Du bist zwar 'n Miststück und 'ne Schlampe, aber meine Schwester biste doch. Komm, jetzt, wo wir wieder bisschen Geld haben, nehmen wir die Pferdebahn bis nach Hause.«

»Nach Hause is keene jute Idee.« Agnes stapft neben Luise her. »Und ob du mir überhaupt nich doch noch 'n Tritt jibst, det werden wir sehn. Luise, det Schlimmste weeßt du noch jar nich.« –

Als sie damals umgezogen sind, von der trocken gewohnten Beletage ins ewig nasse Souterrain, und der Vater immer häufiger mindestens drei von seinen vier Töchtern verkloppte und die Mutter gleich noch dazu, da hatte sich Luise ein Versteck ausgeguckt, wo sie sich verkriechen konnte, wenn es nicht mehr zum Aushalten war.

Sie lief im Hinterhaus die fünf Treppen hoch bis zu der Luke, die auf den Dachboden führte. Da kam keiner hin. Da konnten sie unten auf dem Hof so viel nach ihr rufen, wie sie wollten. Sie hörte nichts. Sie war für sich.

Da oben hockt sie nun, zusammengekrümmt, die geballten Fäuste vor den Mund gepresst, damit niemand sie hört, und heult. Das Weinen schüttelt ihren ganzen Körper. Es ist, wie wenn eine Wunde aufgebrochen ist und das Blut sprudelt hervor. Sie kann nicht aufhören. Sie will auch nicht aufhören.

Agnes hatte sich so entsetzlich gefürchtet, es ihr zu sagen. Sie hatte wohl gedacht, die Schwester würde mit Nägeln und Zähnen auf sie losgehen und sie danach postwendend wieder zur Irxleben zurückschicken. Irgend so etwas. Dabei ist Luise im Augenblick gar nicht fähig, wütend zu werden. Weder auf Agnes noch auf jemand anderen. Es tut nur so entsetzlich weh.

Sie denkt daran, wie sie mit Bertram durch den Tiergarten gefahren ist, so stolz und glücklich an seiner Seite. Da wollte er ihr was beichten, erinnert sie sich, kurz bevor sie auf die Leute trafen, die auf die Straße gegangen waren ... Und dann? »Was zum Vergessen« hatte er das genannt. Was zum Vergessen! Und wenn es Agnes nicht erwischt hätte, ja, dann hätte sie es vielleicht in ihrem ganzen Leben nicht erfahren, dass sie schon betrogen worden war, bevor sie ihm richtig gehört hatte.

Betrogen, belogen, verraten.

Luise krümmt sich noch mehr zusammen und beißt die Zähne aufeinander.

»Woher kannst du denn sicher sein, dass er es war?«, hatte sie die bibbernde, stammelnde Schwester gefragt, in einem verzweifelten Aufbäumen gegen die Wahrheit. Und Agnes: »Ick schwör's dir hoch und heilig, Luise. Ick weeß, alle denken sonst wat von mir. Und is ja ooch wahr, det ick mir rumjeknutscht hab mit Jungs im Hausflur und hinter de Türe, und anfassen hab ick mir ooch lassen. Aber nie weiter als Spaß! Det musste mir eenfach jlooben. Det war det erste Mal, det ick …«

Luise hatte abgewinkt. Die kesse Agnes war ein solches Häufchen Elend, die war gar nicht mehr fähig zum Lügen. Und was machte es schließlich aus? Bertram war mit ihr zusammen gewesen. Bertram.

Komisch. Nicht die schämen sich. Sie schämt sich.

Himmel, tut das weh.

Sie weiß gar nicht, wie lange sie schon da oben hockt. Es ist dunkel inzwischen.

Das kommt davon, wenn man sein Herz an jemanden hängt und sich drauf verlässt, dass alles gut geht. So was kann man sich eben nicht erlauben als Kind aus dem Keller. Denn wenn man sich auf jemanden verlässt, ist man verlassen genug. Sagt die Mutter manchmal, wenn sie denn was sagt.

Die Mutter. Der kann sie jetzt auch nicht helfen.

Luise steht auf und wischt sich mit der Schürze das Gesicht ab. Nichts wie weg. Und Agnes, das dumme Stück, die muss einfach mit. Denn das gibt Mord und Totschlag auf dem Hinterhof.

Bloß jetzt nicht Bertram im Hausflur begegnen, in seine dunklen Augen sehen, sein Lachen hören, das falsche, das verlogene Lachen –

161

Mit einem tiefen zitternden Atemzug streicht sie sich die zerknitterte, von Tränen nasse Schürze glatt und beginnt vorsichtig den Abstieg, tastet sich, die Hand am Geländer, in der Dunkelheit die knarrenden Stufen runter. Auf jedem Treppenabsatz erwartet sie ein anderes Stück abendliche Hinterhauswirklichkeit. Hier stinkt's nach Kohl und dort nach Biersuppe, hier kreischen Kinder und trappeln durch die Wohnung, hier brüllt ein Mann rum und antwortet eine hysterische Frauenstimme, und irgendwo ist es dunkel, kein Lichtschein dringt durch die Ritzen der Tür. Aber ein tiefes, trostloses Weinen ist zu hören.

Ist auch keine Hilfe, dass es andern genauso dreckig geht wie ihr.

Als sie die Wohnung betritt, tut sie das mit ihrem raschen energischen Schritt wie immer. Dass ihr Gesicht verschwollen und rot geweint ist, sieht sowieso keiner bei dieser Petroleumfunzel – im Hinterhaus gibt's kein Gaslicht. Und selbst wenn sie alle Lampen der Welt hätten, die würden es auch nicht merken. Hier achtet keiner auf den andern.

Agnes sitzt in der Schlafkammer und guckt vor sich hin.

»Hör auf, dir selbst Leid zu tun«, sagt Luise schnell und halblaut. »Pack zusammen, was du für nötig hältst. Aber nur das. Wir müssen weg.«

Agnes stiert noch immer: »Wohin denn?«, fragt sie tonlos. »Is doch überall gleich.«

»Red keinen Stuss und mach«, erwidert die Schwester, während sie ihre Bücher in die Schultasche stopft und einen großen Handarbeitsbeutel aus dem Fach zerrt, um ihre paar Sachen reinzutun, Wäsche, Strümpfe, die Sommerschuhe. Ihren Fächer und die Ballhandschuhe bedenkt sie mit einem Blick, wirft sie dann in die Schublade zurück. Weg mit dem Plunder!

»Bist du so weit?«

Ja, irgendwie sind sie nun so weit, obwohl sie ganz bestimmt die Hälfte vergessen haben.

Luise schlüpft in ihren Mantel, nimmt Pelzkappe und Muff.

»Komm endlich!«

Hedwig schält gerade Kartoffeln. Sie lässt das Messer sinken und starrt die beiden an.

»Wenn Mutter schläft – grüß sie. Wir lassen bald von uns hören«, sagt Luise hastig.

»Ihr haut ab?«

»Wir müssen erst mal weg, Kleine. Du hältst hier die Stellung und …«

»Nee.« Hedwig ist aufgestanden und wischt sich die Hände an der Schürze ab. »Ihr lasst mir hier in de Tinte sitzen, mit de kranke Mutter und dem Ollen und de dumme Karline, die nichts auf de Reihe bringt, und ick soll … det könnta vajessen. Aber nich mit mir.«

Sie hat sich doch wahrhaftig vor der Tür aufgebaut.

Agnes lacht auf. »Na, det sieht dir ähnlich. 'ne feine Schwester.«

»Lass uns weg, Hete, eh der Olle kommt.«

»Ach ja? Ick darf hier die janze Zeit de Drecksarbeet machen und mir dafür ooch noch vertrimmen lassen, und die eene spielt die feine Dame und die andre liegt uff de faule Haut oder sie poussiert rum! Det könnte euch so passen!«

»Hedwig! Weg von der Tür!«

»Ihr seid spät dran, Mädels. Um die Zeit kommt Vater meist aus de Destille. Un wenn der …«

Und da steht er auch schon im Raum, auf seinen Krückstock gestützt, und guckt von unten herauf, so wie er immer guckt, wenn er schlechter Laune ist.

163

»Wat schreit ihr hier rum? Habt ihr 'ne kranke Mutter oder wat? Könnt ihr euch det erlauben? Hedwig, haste für heute noch nich jenuch?«

»Warum immer icke? Die beeden hier …«

»Vater«, sagt Luise, so ruhig sie kann. »Agnes und ich, wir gehn aus dem Haus. Jedenfalls für 'ne Weile.«

»Aus 'm Haus? Wat meent ihr damit?«

Es ist einen Augenblick gefährlich still.

Und dann fängt Hedwig an zu schreien. »Alleen lassen wolln se mir mit dem janzen Dreck hier! Mit de Wirtschaft un de Kranke un de Jöre un dir! Aus 'm Staub wolln se sich machen! Und damit du's nur weeßt: Agnes hat's erwischt! Der hat eener 'n vollen Bauch jemacht.« Sie schluchzt los.

»Hedwig!«

Wilhelm Sander geht langsam, schwankend auf seine zweite Tochter zu. »Is det wahr?«

Agnes ist die Reisetasche aus der Hand gerutscht. Sie starrt den Mann an, unfähig, sich zu rühren, wie gelähmt.

»Ob det wahr is, du Schlampe?«

»Vater, ick …«, versucht Luise einzugreifen, aber eine brutale Armbewegung schleudert sie gegen den Tisch. Sander hat Agnes am Haar gepackt. Dann saust der Stock herunter auf die empfindliche Stelle zwischen Schulter und Hals. Das Mädchen röchelt, schnappt nach Luft, wird von dem Vater gegen den Herd geschleudert.

»Dir bring ick um, du Hure!« Wieder saust der Stock herunter.

Aus dem Alkoven kommt die raue, klägliche Stimme der Mutter: »Wilhelm, um Jottes willen, wat is denn?«

»Deine Tochter hat sich den Bauch füllen lassen! Aber lebend kommt die hier nich raus!«

»Wilhelm, bitte!«

Die Mutter erscheint schwankend, barfuß in der Küche, ihre dünnen Haarzotteln hängen ihr auf die Schultern.

»Halt dich da raus, Anna, oder du kriegst ooch wat ab!«

Agnes versucht, sich aufzurichten, aber sie ist kaum auf den Knien, als die Faust des Vaters sie wieder gegen den heißen Ofen schleudert. Sie stöhnt.

Als Sander wieder den Stock hebt, um zuzuschlagen, ganz egal, wo er hintrifft, passiert etwas mit Luise. Auf einmal hat sie das Kartoffelmesser Hedwigs in der Hand und steht zwischen Vater und Schwester.

»Komm, Agnes«, sagt sie, und ihre Stimme ist so ruhig wie ein Teich unter Eis. »Wir gehn jetzt. Vater und Mutter lassen uns ziehn, und die Schwestern – denen wünschen wir alles Gute. Komm.«

Sie macht gar nichts mit dem Messer. Das ist wohl auch nicht nötig. Alle stehen da, ohne einen Finger zu rühren. Wie bei Dornröschen, wenn der Zauber einsetzt, der böse Zauber, denkt sie. Sie hilft Agnes auf, drückt der stöhnenden, verbrannten, blutenden jungen Frau ihre Tasche in die Hand.

Sie gehen. Und hören noch, wie Sander ihnen hinterherröhrt: »Ihr seid für mich jestorben, ihr Biester!«

»Kannste laufen, Nesi?«

Agnes nickt. Sie verlassen das Haus, verlassen die Straße. –

»Ich bin gekommen, Professor. Aber ich bin nicht allein. Wenn es bloß mit einer geht, dann sagen Sie's. Dann hau ich auch wieder ab.«

Markwart hat die Situation mit einem Blick erfasst.

»Kommt rein«, sagt er. Er ist im Malerkittel, das Haar hängt ihm zerzaust in die Stirn. »Platz ist für beide. Soll ich 'n Arzt rufen?«

Luise schüttelt den Kopf. »Nee. Übrigens, das ist meine Schwester Agnes. Ich denke, die muss erst mal bisschen ausruhen. Ach, kann ich morgen 'n Brief schicken?« Markwart sieht sie verwundert an. »So, dass keiner den Absender rauskriegt«, fügt sie hinzu.

»Natürlich, Luise. Soll ich Kaffee holen?«

»Für meine Schwester vielleicht. Ich möchte erst mal ganz kleines bisschen Zeit für mich haben. Danke, Professor.« –

Der Brief, der an Bertram geschickt wird, enthält keine Zeile. Nur den Verlobungsring. –

Es ist um zwei Uhr mittags, als Bertram vom Unterricht nach Haus kommt und den Umschlag mit dem Ring findet.

Er stürmt in den Hausflur, zum zweiten Hinterhof.

Erst als er den ersten Hof mit dem Lieferanteneingang durchquert hat und ihm der Gestank der Aborte und der Mülltonnen da hinten in die Nase steigt, wird ihm klar, dass er Luise niemals in ihrer Welt erlebt hat.

Er klopft an und ist so im Schwung, dass er nicht mal drauf wartet, ob jemand Herein sagt. Reißt einfach die Tür auf und stellt fest, dass er zur falschesten Zeit kommt. Diese Leute essen jetzt zu Mittag, da gibt's kein Souper am Abend.

Sitzen am Tisch in dieser Waschküche, zwischen aufgehängten Unterhosen und einer dampfenden Wanne, vor dem Herd ist Holz aufgestapelt, und tauchen ihre Löffel in ihre Suppenteller, Vater, Mutter und die zwei kleineren Mädchen. Von Luise keine Spur.

»Ich bitte um Entschuldigung«, sagt Bertram leicht verlegen und zieht seine Schülermütze, »ich möchte gern mit Fräulein Luise reden. Kann ich sie sprechen? Es ist sehr dringend.«

Die sehen alle gar nicht auf. Als wenn er nicht da wäre. Nach einer Pause sagt der Mann: »Is nich hier.«

166

Bertram räuspert sich. »Ja, das sehe ich«, erwidert er und bemüht sich, höflich zu sein. »Können Sie mir wohl sagen, wann sie wieder im Haus ist?«

Wieder Schweigen. Wieder der Mann: »Die wohnt nich mehr hier.«

»Wie meinen Sie das, Herr Sander?«

»So, wie ick's sage.«

»Ich verstehe nicht. Also, irgendwo muss sie doch zu erreichen sein.«

Jetzt hebt die Frau den Kopf und sieht ihn an, und Bertram kriegt einen Schreck. Diese Augen sind so kalt und mit solchem Zorn auf ihn gerichtet, als hätte er was verbrochen.

»Et wär vielleicht besser, wenn Se wieder jehn würden«, sagt sie mit dünner Stimme. »Se stör'n beim Essen.«

»Ich komm auch gern noch mal wieder, wenn ich ungelegen bin«, beeilt er sich zu sagen. »Aber ich muss Luise wirklich dringend sprechen.«

Und nun legt der Mann den Löffel aus der Hand und sagt zu den beiden Kindern: »Ihr macht ma, det ihr rauskommt. Aber bisschen plötzlich.« Die Mädchen stehen gehorsam auf und verdrücken sich in den Raum nach nebenan, und Sander erhebt sich langsam und geht auf Bertram zu: »Wegen wat muss eener meene Tochter dringend sprechen? Und wat jeht eenen aus 'm Vorderhaus an, wo se ist? Se arbeetet doch jar nich for Sie, oder?«

Bertram sieht, dass der Hals des Mannes rot angelaufen ist und dass sich die Röte langsam über Wangen und Stirn hochzieht.

Er sieht ihn an und bemerkt tapfer in diese trüben, ausdruckslosen Augen hinein: »Luise ist meine Verlobte.«

Ein kurzes trockenes Auflachen vom Tisch her. Die Frau sagt: »Den Unsinn hab ick schon ma jehört. Von Luise.«

Sander dreht sich halb zum Tisch um. »Wat? Wat haste jesagt?«

»Det se mir den Quatsch ooch erzählt hat. Sojar 'n Ring hat se jehabt. Und det ick ihr die janze Chose verboten hab. Klipp und klar verboten, Wilhelm. Weil wa mit dene nischt zu tun haben wollen. Wir sind anständige Leute. Hier jibt's keene Juden und keene Hurenkinder.«

Bertram sieht von einem zum andern. »Aber«, sagt er und findet vor Verblüffung keine Worte, »was meinen Sie denn mit all dem? Kennen Sie mich überhaupt? Ich bin Bertram Glücksmann aus dem Vorderhaus. Wir sind – wir sind sozusagen Ihre Arbeitgeber ...« Er versucht zu lächeln.

»Ja«, sagt Sander. Er steht jetzt unmittelbar vor ihm und haucht ihn mit seinem Bieratem an.

»Ja. Und wir sind ooch sehr dankbar. Un nu können Se jehn.«

»Ich suche Luise.«

»Die braucht hier keener mehr zu suchen. Die kommt nich wieder. Und wenn se wiederkäme, würden wa se nich reinlassen. Die und det Dreckstück von Agnes, die sind für uns jestorben. Aus und vorbei. Zwee Dreckfetzen.«

»Herr Sander, so reden Sie nicht über meine Braut, auch wenn Sie ihr Vater sind.«

Fäuste an Bertrams Rockaufschlag. Er wird hin und her geschüttelt.

»Deine Braut? Meine Tochter is nich deine Braut, du Judenlümmel! Wohl die Sorte von Braut, wie dein Frollein Mutter bei deinem feinen Herrn Vater war, oder wat? Jetzt versteh ick überhaupt ers, wat hier läuft! Du steckst hinter der janzen Kiste! Zur Hure willste mein Luis machen!«

»Herr Sander! Lassen Sie mich los!«

»Wilhelm! Mach dir nich unglücklich!«

»Wir sind anständije Leute, verstanden!«

»Lass ihn los, Wilhelm, um Jottes willen!«

»Mach, det de rauskommst!«

Aber Bertram hat Stiefel mit glatten Ledersohlen an, und in dieser Küche ist der Boden feucht. Sander stößt ihn zur Tür. Er taumelt, rutscht aus, findet keinen Halt, greift mit den Händen in die Luft. Schlägt seitlich mit der Schläfe auf den Rand der Zink-Waschbalje, versucht sich festzuhalten, und das heiße Seifenwasser ergießt sich über ihn.

Stammelt: »Aber ich will Ihre Tochter doch wirklich …«
Verstummt.

Sein Blut vermischt sich mit dem Wasser.

Anna steht auf und greift nach ihrem Umschlagtuch.

»Ick sag dann vorne Bescheid«, sagt sie, wie es scheint ohne jede Gefühlsregung. Sie geht zur Tür, gerade und steif wie eine hölzerne Latte.

Wilhelm Sander schaut auf den bewegungslosen jungen Mann hinunter, schwer atmend, die Fäuste noch immer geballt.

»Mein Luis«, murmelt er. »Mein schmuckes Kerlchen. Nee, so doch nich.« Sein vorher gerötetes Gesicht ist nun aschfahl. –

Markwart weiß, dass sie sich nicht für die Journale interessiert. So hat er die *Vossische Zeitung* aufgeschlagen in der Küche präsentiert. Sie muss sie finden, wenn sie Agnes das Frühstück macht – Agnes ist noch bettlägerig.

Luises Blick fällt auf die Seite. »Proletarier außer Rand und Band« steht da als Überschrift. Sie nimmt das Blatt auf, und während sie zu lesen beginnt, setzt sie sich langsam auf einen Küchenstuhl.

Ein dramatischer Zwischenfall ereignete sich vorgestern in einer Hinterhofwohnung in Berlin O. Der Sohn des wohlhabenden Privatiers G. wurde vom offenbar unter Alkohol stehenden Hausmeister des Gebäudes tätlich angegriffen und niedergeschlagen.

G. erstattete daraufhin Anzeige gegen den Mann.

Über den Grund der brutalen Tat ist nichts bekannt. Der junge B. G. wurde schwer verletzt, befindet sich aber außerhalb akuter Gefahr.

Der Hausmeister wurde in Polizeigewahrsam genommen.

Unseres Erachtens ist der Vorfall ein weiteres alarmierendes Zeugnis dafür, wie sehr in den niederen Schichten der Bevölkerung der Respekt gegen eine gottgewollte Ordnung und obrigkeitliche Disziplin im Schwinden begriffen ist.

Wie sagt doch unser großer Schiller: Gelöst sind alle Bande frommer Scheu …

Luise lässt das Blatt sinken und sieht vor sich hin.

Sie sagt nichts zu Agnes und redet auch mit Markwart nicht darüber, und auf dessen Frage, ob sie die Zeitung gelesen habe, nickt sie nur stumm. Er dringt nicht in sie, lässt sie in Ruhe.

Mittags geht sie aus dem Haus. –

Lina hat Mühe, in der tief verschleierten Dame, die sie nach der Schule anspricht, ihre große Schwester zu erkennen.

»Luise!« Sie fängt an zu weinen. »Kommste wieder nach Haus? Et is allet so schrecklich! Weeßte et schon? Vatern is im Knast, und Muttern heult 'n janzen Tag. Un inne Schule muss ick alleene uff de Bank sitzen, weil keener will neben mir, und die sagen Verbrecherrange zu mir … Kommt ihr bald wieder, Agnes und du?«

»Wir kommen nicht wieder, Agnes und ich«, sagt Luise. Sie hat einen scharfen Schritt angeschlagen. Weg von der Volksschule. Die Kleine trabt nebenher. »Wir – wir sind in Stellung gegangen, alle beide.«

»In Stellung? Wo denn?«

»Auf 'nem großen Gutshof außerhalb von Berlin. Uns geht's gut. Kannst Mutter sagen, sie braucht sich keine Sorgen zu machen, falls sie fragen sollte. Und das hier gibste ihr. Das ist unser Handgeld. Damit ihr nicht Not leidet.«

Sie drückt Lina ein goldenes Zwanzigmarkstück in die Hand. »Pack's gut weg! Nicht verlieren, hörst du?«

Lina schließt die Faust um das Geld. »Du, die vom Vorderhaus, die wollten uns ooch wat jeben. 'n jroßen Geldschein hat die Köchin anjeschleppt, die Lehnerten, mit Empfehlung von ihre Herrschaft. Aber Mutter hat jesacht, eher verreckt se, als det se von Madame Finette Jeld nimmt. Und die Köchin hat jesacht, det det zwar dumm is, aber vaständlich.«

Luise nickt. »Am besten gibst du's Hedwig, dass die's heimlich mit einfließen lässt ins Wirtschaftsgeld. Mutter muss ja nichts merken. Und mach keine Dummheiten damit.«

»Ick doch nich, Luise!«

»Ich verlass mich drauf. – Was ist denn mit Bertram passiert?«

»Der hat 'n Loch im Kopp und irjendwat, wo man still liegen muss. Jehirnerschütterung heißt det. Du, Luise, der is deinetwejen jekommen. Der hat nach dir jefragt, als Vater so fuchtig jeworden is.«

»Ja, das hatte ich mir gedacht«, sagt Luise still. Eine Weile gehen sie einfach bloß nebeneinander her. Vor einem Kolonialwarengeschäft bleibt Luise stehen und kramt noch einen Groschen aus ihrer Tasche.

»Ich muss jetzt zurückfahren. Kauf dir 'ne Zuckerstange. Und mach das richtig mit dem Geld, hörst du. Mach Mutter keinen Kummer und sei folgsam und fleißig in der Schule.«

»Und deine Schule, Luise?«

»Ich geh jetzt in keine Schule mehr. Bin schon schlau genug.« Sie lüftet ihren Schleier, beugt sich herunter und gibt der Kleinen einen Kuss auf die Wange. Die guckt verwundert. Dergleichen ist sie nicht gewöhnt, von keinem aus der Familie. Luise hat sie auch immer bloß an den Zöpfen gezogen.

»Adschö, Lineken. Seht zu, dass ihr klarkommt.«

Und dann ist sie weg, und Lina, den Goldfuchs fest in der Hand, geht und kauft sich die Zuckerstange. Da schmecken die Tränen nicht so salzig.

6. Bertram

Frühling. Was geht Bertram der Frühling an? Er liegt mit verbundenem Kopf und darf sich kaum rühren und nichts lesen und sich nicht aufregen, und Bernadette musste sogar mit dem Klavierspiel aufhören.

Kein Abitur mehr in diesem Jahr. Na, das ist das wenigste.

Als sein Kopf ein bisschen weniger wehtut, bittet er Frau Lehnert, die Köchin, doch mal im Hinterhaus nachzufragen ...

Die schüttelt den Kopf. »Würd ick Ihnen nich zu raten«, bemerkt sie. »Die Frau hat ihren Stolz. Aber ick kann ja ma bei de Meechens auf 'n Busch kloppen.«

Und so erfährt Bertram denn, Lina habe gesagt, Luise und Agnes sind in Stellung. Weg aus Berlin. 'n Gutshof. Irgendwo.

In der Nacht bekommt Bertram Fieber. Der Kopf schmerzt unerträglich. Der Obermedizinalrat zieht besorgt die Stirn in Falten. Hirnhautentzündung nicht ausgeschlossen.

Bertram bekommt das Haar geschoren, damit man besser Eiswickel um den Kopf legen kann. Eine Pflegerin sitzt Tag und Nacht bei ihm, und wenn er mit den Zähnen knirscht und sich herumschmeißt, kriegt er Opiumtropfen. Manchmal schlägt er die Augen auf und sieht durch einen Nebel Mutter oder Schwester. Nie den Vater.

Als er das erste Mal richtig aufwacht, ist niemand bei ihm. Es ist Abend. Von draußen riecht es betäubend. Lindenduft. Die Fenster stehen offen, und eine Amsel kann den Schnabel nicht halten.

Bertram dreht den Kopf zur Seite und weint. –

Als er sich zum ersten Mal im Spiegel sieht, blickt ihn ein Fremder an: Unter dem kurzen dunklen Haarflaum ein abgezehrtes Gesicht mit riesigen Augen, hohlwangig. Über seine Stirn zieht sich zur Schläfe hin eine rötliche Narbe.

Auch die Frau im zweiten Hinterhof an ihrer Waschbalje erschrickt, als sie ihn sieht, und hebt die Hände zum Mund. Aber dann strafft sie sich, macht den Rücken gerade, misst ihn mit feindseligem Blick.

»Was wollen Sie?«

»Ich möchte mich entschuldigen«, sagt er leise. »Ich bin« – er stützt sich an der Türfüllung. »Ich bin das erste Mal aufgestanden und gleich zu Ihnen, Frau Sander. Es tut mir Leid, das mit Ihrem Mann. Ich hätte keine Anklage erhoben. Aber ich war nicht in der Lage, irgendetwas zu verhindern. Alles tut mir Leid. Das mit Agnes – wir waren einfach jung und dumm. Ich – wir kommen für alles auf, natürlich. Und vor allen Dingen muss ich Luise wieder finden. Mich mit ihr versöhnen. Falls Sie mir helfen können, sie zu finden –«

»An Agnes ihr Unjlück sind Se also ooch Schuld«, sagt Anna Sander dumpf. »Hab ick mir fast jedacht. Wenn schon, denn schon. Et stimmt schon, wat inne Zeitungen steht. Die Juden sind an allet schuld. Die machen uns fertig.«

»Aber Frau Sander, was hat das eine mit dem anderen zu tun? Das ist – das ist doch Unsinn. Ich bin leichtsinnig gewesen. Ich – oh Gott, wir sind doch gar keine Juden mehr nach dem Gesetz.«

»Det denken Sie!«, sagt sie böse.

Sie betrachtet ihn einen Moment von der Seite. »Sie sind und bleiben 'n Judenjunge. Un nu kommen Se und bitten bissken um Verzeihung? Fein. Der Mann im Jefängnis, de Töchter abjehaun, eene mit 'n Kind im Bauch. Sie ha'm uns ruiniert, Jüngelchen. Und jetzt woll'n Se ›aufkommen‹? Na, prächtig. Lassen Se mich in Ruhe. Ziehn Se ab. Det is das Beste, wat Se machen könn'.«

»Frau Sander«, sagt Bertram leise. »Bitte. Ich bin … ich bin ja auch kein Sieger, nicht wahr?«

»Siejer? Ne, müssen Se ja ooch nich sein. Bissken wat könn' de feinen Leute ooch abkriegen.«

»Luise −«

»Luise is weg. Schluss. Haun Se ab.«

Bertram nickt. »Ja. Ich verstehe Sie. Aber ich will die beiden finden, das müssen *Sie* verstehen.« Er wendet sich ab, will gehen.

»Jeld hat Se jeschickt«, sagt die Frau in seinem Rücken. »Die Kinder tun so, als wenn et von meene Schwester aus Neuruppin kommt, damit ick et nehme. Aber ick weeß, et is von Luise. Kommt immer ohne Absender. Scheint ihr ja jut zu gehn.«

Er wartet, ob sie noch etwas sagt. Aber sie schlägt ihm die Tür vor der Nase zu.

Er muss wieder ins Bett. Alles dreht sich um ihn. Er kriegt Zitronenlimonade und kalte Umschläge und soll schlafen. Schlafen? Schön wär's.

Eine Stellung auf einem Gut bei Berlin? Er wird den Dogcart nehmen und alles absuchen. Erst die Orte, die mit der Berliner Dampfbahn zu erreichen sind. Und wenn sie da nicht sind, dann weiter. Und wenn er die ganze Mark Brandenburg abklappern muss.

Bernadette bringt ihm das Frühstück ans Bett nächsten Morgen. Brötchen und Honig und heiße Schokolade.

»Frühstück wie beim Alten Fritz«, bemerkt sie. »Schokolade statt Kaffee. Kaffee darfst du noch nicht.«

Er isst und trinkt, und nach der Anstrengung ist sein Gesicht schweißnass.

»So, Dette«, sagt er und legt sich zurück. »Und nun raus mit der Sprache. Was hast du auf dem Herzen? Denn dass hier bei uns ein Familienmitglied dem anderen Frühstück ans Bett bringt, außer er will was von ihm – das gibt's ja nicht. Oder soll ich erst Rieke klingeln, damit sie abräumt?«

»Na, das ist es ja«, druckst Bernadette rum. »Rieke ist entlassen.«

»Rieke? Was hat sie ausgefressen? Mama und Rieke waren doch ein Ei und ein Kuchen!«

»Nicht bloß Rieke. Der Hausdiener ist auch weg. Und die Köchin kommt nur noch stundenweise. Und die Equipage ist weg, und alle Pferde. Stell dir vor, wir müssen einen Mietwagen nehmen!«

»Aber wieso …?«

»Wir müssen uns einschränken. Papa hat Schulden. Börsengeschichten, heißt es. Mama und ich, wir verstehen zu wenig davon.«

Bertram fällt die Abendgesellschaft ein. Das Gespräch. Guano und Kunstdünger –

Bernadette redet weiter. »Aber das meiste … das meiste soll Papa verspielt haben. Und er sitzt Nacht für Nacht und will das Glück zwingen. Aber …« Sie zuckt die Achseln. »Na ja.« In ihre Augen tritt ein verschmitzter Glanz. »Meine Mitgift – die ist den Bach runter. Keine Soireen mehr. Keine ›vons‹, denen ich gefallen soll.« Sie macht eine kleine Pause. »Franklin ist mein Geld egal«, sagt sie und wird rot. »Er sagt,

176

Geld hat er alleine. Er will mich, wie ich bin. Allerdings müsste ich wieder richtig Jüdin werden. In den Staaten, sagt er, da ist es anders als hier. Da sind alle Menschen gleich. Tüchtigkeit zählt und Ehrbarkeit. Da muss man seinen Glauben nicht verstecken.«

»Und du würdest mitgehn nach drüben?«

»Lieber heute als morgen«, sagt Bernadette energisch. »Bloß weg hier. Ohne Geld bleib ich sowieso sitzen – und ich mag Franklin.«

»Und was sagt Mama?«

Bernadette hat mal wieder das boshafte Funkeln in den Augen. »Die nimmt sogar 'n amerikanischen Schwiegersohn, wenn der ihr die Pralinen bezahlt!«, erwidert sie kichernd.

Das sind Neuigkeiten! Nun wird er Luise wohl ohne Dogcart suchen müssen. Neuerdings gibt es ja diese Fahrräder. Vielleicht reicht es noch dazu …

»Ich muss mit Papa reden«, sagt er matt.

Seine Schwäche bringt ihn zur Verzweiflung. Endlich aufstehen, endlich was tun! Nicht bloß mal kurz in den Hinterhof schleichen.

»Bloß nicht um diese Zeit!«, wehrt Bernadette ab. »Jetzt schläft er noch. Kommt immer so spät ins Bett. Seit zu Haus nicht mehr gespielt wird«, sie senkt die Stimme, »geht er jetzt in Klubs.«

»Ist das nicht verboten?«

Die Schwester schüttelt den Kopf. »Ich hab keine Ahnung. Vielleicht gewinnt er ja doch noch. Dann wird alles gut.«

»Glaubst du daran? Dass er gewinnt?«

»Eigentlich nicht«, erwidert sie leise.

Bertram schließt die Augen.

»Wenn ich bloß nicht so schwach wäre. Ich muss unbedingt los. Luise suchen.«

»Nach all dem, was gewesen ist?« Bernadettes Stimme wird schrill.

»Hör mal! Ich hab Schuld an allem, was da passiert ist! Ich allein!«

»Ja – hängst du denn immer noch an dieser … an dieser Hinterhofpflanze?«

»Dette! Das Mädchen ist meine Verlobte.«

»Eine von ganz unten. Also wirklich, Bertram.«

»Schwesterchen«, sagt er mit Anstrengung. »Rede nicht solchen Unsinn. Unsere Mutter war auch ›eine von ganz unten‹. Das weißt du ja wohl.«

Bernadette steht auf. Sie ist blass vor Empörung. »Du bist ja wohl doch noch ziemlich krank im Kopf! Wie kannst du solche Vergleiche anstellen! Hör mal!«

»Ich versuche nur …« Er verstummt. Bernadette ist gegangen und hat nicht einmal das Frühstückstablett mitgenommen.

Sein erster Weg, nachdem er aufstehen kann, führt ihn zum Kontor. Seine beiden Collierüden sind nicht mehr da. Die Zugehfrau, die hier seit neustem einmal in der Woche putzen kommt, erzählt ihm, was vorgefallen ist.

Als der Stallbursche Gustav entlassen wurde, hat sich keiner mehr verantwortlich gefühlt. Die Hunde soffen aus der Regentonne und aus den Pferdeeimern, zu Fressen brachte man nur gelegentlich vorbei. Schließlich fanden Castor und Pollux einen Weg, den Hof zu verlassen und begannen zu wildern. Als sie die Ziege eines benachbarten Kleingärtners gerissen hatten, ließ Walther Glücksmann sie erschießen.

»Mir haben de Tiere so Leid getan!«, sagt die Frau. »Aber wat sollte ick machen, Herr Bertram? Ick hab drei kleene Kinder und putz noch jeden Tag an 'ner anderen Stelle. Konnte hier nich jeden Tag herkommen. Außerdem – wovon sollte ick det Futter bezahlen?«

Bertram nickt nur. Er ist wie betäubt. Irgendwie gehörten die schönen, fröhlichen Tiere auch zu der Liebe zwischen ihm und Luise. Alles aus, alles hin.

Im Kontor ist die Luft dumpf und abgestanden. Hier war längere Zeit niemand mehr. Dicker Staub liegt auf dem Ledersessel, in den er sich so gern setzte, Luise auf dem Schoß. Der kleine eiserne Ofen, auf dem die Bratäpfel schmorten, jene Bratäpfel, die für ihn allezeit mit Agnes verbunden sind, mit dem, was hier geschah … Die Erinnerungen tun weh.

Ein paar Boxen in den Stallungen sind noch vermietet, aber das meiste steht leer. Keine Futtermeister oder Stallknechte laufen rum. Die Equipagen und Gespanne – fort.

Er steigt die morsche Treppe zur ehemaligen Futterkammer hoch, zu seiner Bastelbude.

Wenigstens hier ist alles unversehrt. Wahrscheinlich hielt man den Kram für wertlos.

Er zieht seine helle Sommerjacke aus (nach der Krankheit schlottert sie ihm am Leib), krempelt die Ärmel hoch und beginnt mit einem Lappen seine Werkbank und seine Schätze zu säubern; die Induktionsspulen und Transformatoren, die Werkzeuge, Kabel, Kupferdrähte. Ein schwacher Glanz liegt über den Sachen. Wenigstens etwas, das geblieben ist. Hier fühlt er sich zu Haus. Hier will er sein und die Arbeiten fortführen, wenn er Luise gefunden hat. Wie wird das wohl mit dem Patent? Er muss mit dem Amerikaner reden. Am besten gleich.

Notdürftig bürstet er sich den Staub von der Jacke. Unten im Hof, im verlassenen Hundezwinger, stehen noch die beiden Futternäpfe. Was für ein trostloser Ort.

Mister Franklin Klugman wohnt nicht mehr im Hotel. Als praktischer Mensch hat er für den längeren Aufenthalt sein Domizil in eine Pension verlegt. Man gibt ihm die Adresse. Aber das ist in Charlottenburg, in der Nähe vom Schloss. Das andere Ende der Stadt. Das schafft er heute nicht mehr.

Erschöpft lässt er sich in einen Sessel der Hotelhalle fallen. Schließt für einen Moment die Augen. Alles strengt ihn noch sehr an. –

»Er hat zwar die Frisur eines entsprungenen Sträflings, und sein Jackett sieht aus, als wenn er sich im Straßengraben gewälzt hat, aber er ist es. Der junge Glücksmann. Unglücksknabe, was machen Sie hier, und in so lädierter Montur?«

Bertram fährt hoch und starrt in ein Gesicht, das ihm wie eine Karikatur des Hohenzollernkaisers vorkommt: Scheitel, Einglas, hoch gezwirbelter Schnurrbart – woher kennt er den?

»Entschuldigung«, sagt er verwirrt. »Ich muss eingeschlafen sein. Sie sind …« Und dann fällt ihm ein, dass er diesen Herrn von der letzten großen Soiree in unangenehmer Erinnerung hat.

Sie mustern sich schweigend. Dann schnarrt der andere: »Sind hier fehl am Platze, junger Mann. Ihresgleichen haben hier nichts verloren.«

»Ich sitze in einer Hotelhalle«, sagt Bertram, der fühlt, wie ihm das Blut ins Gesicht steigt. »Sind Sie hier der Hausherr?«

»Seh ich so aus, als wenn ich 'n Kneipenwirt wäre? Frechheit. Hab gehört, Sie hätten von irgend 'nem Eckensteher Prügel bezogen. Weibergeschichte. Vorsichtig, dass Ihnen nicht die nächste Dresche ins Haus steht.«

»Was unterstehn Sie sich!«

»Sachte, sachte, kleiner Itzig. Nach der Stolpernummer von Herrn Papa auf dem gesellschaftlichen Parkett sollten Sie vielleicht bisschen bescheidener auftreten. Haben 'nen Hang zu Skandälchen, die Herrn Glücksmann, wie? Irgendwie zum Feixen. Ein Sohn Israels, der nichts vom Jeschäft versteht.«

»Aber«, stammelt Bertram, »wir sind keine Juden. Das ist ein Irrtum. Wir sind Deutsche. Seit langem assimiliert.«

»Sie sind Deutsche, so, so«, sagt der, und sein Monokel fällt ihm aus dem Auge, baumelt am Band. Seine Lippen sind verzogen. »Das mag Ihnen ja vielleicht so vorkommen. Aber unsereins spürt den Knoblauchgestank auf ein paar Meter. Können doch nicht ernsthaft glauben, dass Sie an Treffen des Kolonialvereins teilnehmen können!?«

»Was für ein Kolonialverein?«

Inzwischen sind ein paar andere Herren in Gehrock und Zylinder ins Foyer gekommen. Sie alle tragen ein schwarz-weiß-rotes Bändchen im Knopfloch.

Einer von ihnen wendet sich an den Portier.

»Würden Sie wohl Ihres Amtes walten, guter Mann? Ein Gesicht wie dieses hier ist ja eine Herausforderung. Wir erwarten Oberst Wissmann, den Helden von Njassaland. Hat die aufsässigen Neger in Deutsch-Ostafrika zu Paaren getrieben und soll dann in der Heimat mit so einer Semitenvisage konfrontiert werden!?«

Bertram weiß nicht, wie ihm geschieht. Der Mann in der dunkelblauen Livree hat ihn am Kragen gepackt und befördert ihn unter allgemeinem Beifall durch die Schwingtür nach draußen. Er stolpert, fällt hin. Hört Gelächter. Braucht eine Weile, um aufzustehen. Er fühlt sich benommen. Zu schwach, um empört zu sein.

Stolpernd macht er sich auf den Heimweg.

»He, Jüngelchen, haste schwer jeladen?«, ruft ihm ein Straßenmädchen zu. »Kannst ooch bei mir dein Rausch auspennen.«

Unter ihrem schief aufgesetzten Hütchen quillt rötliches Haar hervor. Haar, wie Agnes es hat.

Er beginnt zu laufen. Ihm ist nach Verkriechen zumute.

Als Bertram seinen Vater das erste Mal wieder sieht, erschrickt er. Glücksmann sieht nicht weniger krank aus als sein Sohn. Die Haut seines Gesichts ist graubleich, die Augen liegen tief in den Höhlen, haben fiebrigen Glanz. Der Mann, der stets gepflegt und modisch gekleidet war, hat lange Fingernägel mit schwarzen Rändern, unsaubere Manschetten, der Bart ist länger nicht gestutzt, das Haar ist wirr auf seinem Kopf.

»Na, Filius«, sagt er mit schief verzogenen Lippen. »Da guckst du. Denkst, wir nehmen uns nicht viel, wie? Zwei wandelnde Gräber.« Er lacht.

»Was hast du, Papa? Bist du krank?«

»Es ist nicht gerade eine Form von Gesundheit. Hast du mal Heine gelesen? Zahnweh am Herzen. Nein, kein Liebeskummer. Kummer schon. Und du? Wieder genesen?«

»Ich bin wohlauf«, sagt Bertram beklommen. Er denkt an seine gestrige Begegnung im Hotelfoyer. Warum muss sein Vater jetzt gerade den Juden Heine zitieren? Jetzt, wo er wirklich aussieht wie einer aus dem Scheuenviertel?

»Warum hast du mich nie besucht, als ich krank war?«

»Ich war zu beschäftigt«, sagt Glücksmann und wendet die Augen ab. »Bin es noch. Bestimmte Dinge müssen geregelt werden. Deine Mutter wird dir bestimmt schon vorgebarmt haben, dass diese und jene kleine Annehmlichkeit vorübergehend wegfallen muss.«

»Gebarmt hat sie nicht.«

»Nun, umso besser. Summa summarum: Es war nicht Lieblosigkeit, die mich fern gehalten hat von deinem Krankenbett. Bestimmt nicht.« Er macht eine Pause, fährt dann gespielt munter fort: »Jedenfalls, in meine Schreibtischschublade muss du nun nicht mehr greifen. Die ist leer.«

»Vater! Warum wirfst du mir das jetzt vor?«

»Tu ich doch gar nicht. Nein, ich wollte dich nicht angreifen oder kränken. Bestimmt nicht.« Jetzt hebt er die Lider, und in seinen dunklen Augen ist eine solche Traurigkeit, dass es Bertram überläuft. Er erwidert den Blick. »Warum habt ihr euch nicht um meine Hunde gekümmert, als ich krank war?«, fragt er.

Glücksmann zuckt die Achseln. »Wer sollte das machen? Es tut mir Leid, dass es so gekommen ist«, sagt er einsilbig. Das ist alles.

Bertram atmet tief durch. »Vater. Ich wollte mit dir über meine Zukunft reden. Ich will das Gymnasium nicht zu Ende besuchen. Das ist Zeitverschwendung für mich. Ich werde nicht studieren. Ich will einen technischen Beruf ergreifen.«

Keine Reaktion.

»Ich bin dabei, etwas zu erfinden, und Vetter Franklin meint, das kann ein Patent werden. Ein Patent, für das sich andere interessieren. – Papa?«

»Ja? Sehr schön.«

Schweigen.

»Papa. Was ich eigentlich sagen wollte – ich bin nicht bereit, dies Mädchen aufzugeben. Luise Sander. Nur, dass du es weißt.«

Walther Glücksmann lächelt plötzlich. »Lass uns doch alle wichtigen Entscheidungen noch ein paar Tage verschieben!«, sagt er mit hektischer Munterkeit. »Ich denke, alles wird sich klären.«

»Was wird sich klären, Papa?«, fragt Bertram beunruhigt. Wie fahrig, wie verändert der Vater wirkt!

183

»Fortuna ziert sich gern. Aber wenn es eine Eigenschaft gibt, der sie schließlich erliegt, dann ist das Beständigkeit. Das Glück wird sich wenden, ich spüre es.«

»Wovon redest du? Vom Spiel?«

»Spiel ist alles, Bertram. Was heißt das schon! Ich habe an der Börse spekuliert und verloren, ich habe in ein falsches Produkt investiert, weil es mir diese vermaledeiten Junker eingeredet hatten – diese Leute sind so altmodisch, Junge! Alles nur verkappte Spiele. Aber nun gibt es für mich nur noch ein Spiel. Das reine, unverfälschte Spiel. Ich werde gewinnen. Unsere Feste und unsre Fröhlichkeit werden zurückkehren, unser Ansehen ...«

»Ansehen? Vater, das gab es nie! Sie haben sich bei dir eingeschmeichelt und dich in Wirklichkeit verachtet. Wir waren immer bloß die ›Itzigs‹, auf deren Kosten man gut tafeln konnte. Wir kommen für sie gleich nach den Negern aus dem Njassaland. Ich habe etwas erlebt, Vater, dass ...«

Eine Handbewegung Walthers stoppt ihn. »Es ist gut, Junge. Wir sprechen uns in ein paar Tagen wieder, ja?«

Er will nichts hören. Bertram wendet sich zum Gehen. Das Herz ist ihm schwer.

Schon an der Tür, hört er den Vater sagen. »Halt an dem Mädchen fest, wenn du es liebst.« –

Bertram findet die Mutter in ihrem Boudoir. Die Journale und Romane, in denen sie sonst herumschmökert, liegen unberührt auf dem Tischchen neben ihrem Diwan. Sie starrt vor sich hin.

»Mama! Ich glaube, Papa ist krank. Viel kränker, als ich diesen Frühling war. Wir dürfen ihn nicht mehr an den Spieltisch lassen, hörst du?«

Finette lächelt müde. »Wir dürfen nicht? Nenn mir den, auf den er hört, Junge!«

»Auf dich hört er! Dich liebt er, Mama, wenn er überhaupt jemanden liebt!«

Die dunklen Augen Finettes begegnen denen des Sohn. Sie gleichen auf merkwürdige Weise den Augen ihres Mannes – ein Blick von fern her.

»Kann sein, er liebt mich. Aber er hört nicht auf mich. Nicht auf mich, nicht auf keinen.«

7. Die Schaukelnden

»Was soll das? Ich hab zu tun. Muss auf den Markt und ein-kaufen«, sagt Luise abweisend.

Markwart lächelt. »Das kannst du. In einer Viertelstunde. Aber erst müssen wir drei – oder wir vier – was feiern.«

»Sie feiern doch oft genug mit meiner Schwester!«, sagt Luise heftig. »Kaum, dass sie hier war, hat sie sich Ihnen an den Hals geschmissen. Danke schön! Ich spiel da nicht mit!«

»Sollst du ja auch gar nicht!« Der Maler lächelt, nicht im Geringsten verlegen. »Und was das zwischen Agnes und mir betrifft – ich sehe nicht ein, warum man ein so eindeutiges Angebot wie ihres nicht annehmen soll. Ich bin auch bloß ein Mensch. Aber ich hab was ganz anderes im Sinn, wenn ich feiern sage.«

»Wüsste nich, wat es zu feiern jibt!«

Agnes klingt noch verdrießlicher als ihre Schwester. Sie ist rübergeschlurft in das Atelier des Malers, die Hände gegen das Kreuz gestützt, um den Bauch zu entlasten, lehnt an der Tür und besieht sich die Szenerie: Verhüllte Staffelei, davor, auf einem Teppich aufgestellt, zwei Sessel, wie zu einer Thea-teraufführung.

»Ich lasse mir von zwei mürrischen Frauenzimmern die Laune nicht verderben!«, erklärt der Maler. »Kommt her,

Schwestern. Für mich ist ein großer Tag. Und ohne euch würde es den nicht geben.«

Agnes verzieht das Gesicht. »Verscheißern kann ick mir alleene!«

Trotz ihres Widerstrebens nimmt Markwart Luise und Agnes bei der Hand und führt sie auf die Plätze.

»Luise hat meine Bilder früher ›olle Schinken‹ genannt, und dass sie sich geweigert hat, ihr Gesicht abmalen zu lassen – na, das kann ich schon verstehen. Und ich – ich hab ihr was erzählt von dem ganz anderen, von dem neuen Bild, das ich machen wollte. So. Und nun wollen wir mal gucken.«

»Muss ick mir jetzt det Jekleckse antun?«

»Ruhig, Agnes. Tut ja nicht weh.«

Er hört sich das Geplänkel ungerührt an. Zieht den Vorhang von der Staffelei fort. Wartet.

Das ist der Alexanderplatz. Eindeutig. Hochbahn zwischen den Häuserfassaden, Pferdedroschken, Passanten, klein wie auf einem Miniaturbild, aber mit der Genauigkeit gemalt, die ein Otto Markwart nun mal drauf hat. Ein Gewimmle, ein buntes Durcheinander. Drüber der Himmel, hell, sanft, voller Wölkchen, und sehr belebt. Montgolfieren, Luftschiffe im Hintergrund, mit großen Ballons und bunt verzierten Körben, in denen man feiernde Gestalten sieht. Sie schwenken Tücher, Hüte, Flaschen mit Wein. Im Vordergrund schwingt eine Schaukel groß ins Bild. Hängt sie an so einem Luftschiff, unsichtbar? Oder ist sie direkt vom Himmel gefallen? Und auf der Schaukel sitzen sie beide. Zwei nackte junge Frauen. Hell schimmernde Rücken. Markwart'sche Rücken. Beide halten sich nur mit einer Hand fest und scheinen im Begriff, abzuspringen. Oder aufzufliegen und hinzusegeln über dieses Berlin? Vom Schwung der Schaukel getragen, kurz vor der Schwerelosigkeit. Eine von ihnen ist schwanger: ein üppig vorgewölbter Bauch. Große Brüste, die sie mit der Hand stützt. Ihr Haar, das im Fahrtwind weht, ist blond und gekraust. Die andere, zarter, graziler, mit jenem berühmten Hüftschwung, der Markwarts Bilder in die Herrenzimmer trug, sieht über die Schulter, auf dem Gesicht ein breites, herausforderndes, vor Lebenslust sprühendes Lachen. Und dies Gesicht unter dem flammend roten Haarschopf ist Agnes. Dreist und direkt scheint sie dem in die Augen zu sehen, der sie anschaut. –

Die Schwestern sind still. Schließlich sagt Agnes: »Warum ha'm Sie unsre Köppe vertauscht?«

Otto Markwart zuckt die Achseln. »Schwer zu sagen. Luise hat mir ja strikt untersagt, ihr Gesicht abzubilden. Und du nicht.«

»Det is keene Antwort.«

»Stimmt.«

»Irgendwie seid ihr für mich wie zwei Seiten einer Medaille.«

»Wie Goldmarie un Pechsophie, oder wat?«

»Nein. Ihr seid eins, auch wenn ihr noch so verschieden seid. Ihr seid *Die Berlinerinnen*. Und so wird das Bild auch heißen.«

»Aber det Kind krieje icke. Nich die.«

Luise hat bisher kein Wort gesagt. Jetzt steht sie auf und verlässt den Raum. Markwart hört, wie die Tür zu ihrer Kammer ins Schloss fällt, wie der Schlüssel gedreht wird.

»Auwei«, sagt Agnes ungerührt.

»Hm.« Markwart sieht sie an, während er den Vorhang vor das Bild zieht. »So hatte ich mir das nicht vorgestellt. In was für ein Fettnäpfchen bin ich eigentlich getreten?«

Agnes grinst schief. »Wenn Se's denn so jenau wissen wollen: Mein Leib un ihr Jesicht un denn det Kind, det hat mir ihr Freund verpasst. Da war det eben wohl 'n bissken zu ville.« Sie steht ebenfalls auf, stützt die Hüften, reckt sich, drückt ihren Bauch, ihre Brüste von hinten an Markwart.

»Nicht jetzt«, sagt er ruhig.

»Wie Se wolln. Aber Se wissen ja: Ick nehm mit, wat kommt. Immer bloß Modell sitzen, un denn det sauertöppische Jesicht von Luise …«

Der Maler lacht. »Also, wie oft soll ich das noch klarstellen? – In meinem Bett schlaf ich grundsätzlich allein, auch wenn ich dich hin und wieder gern drin gesehen habe. Und dass deine Schwester nicht gerade begeistert darüber ist, das müsstest du eigentlich verstehen. Auch, weil sie die ganze Hausarbeit machen muss, denn Agnes rührt ja keinen Finger.«

Die junge Frau reckt sich träge. »Mir reißt et im Leib, wenn ick mich bücke oder ausrenke.«

Er seufzt. »Ich kümmere mich jetzt mal um deine Schwester, ja?« Agnes zuckt die Achseln. –

»Luise, machst du mir auf?«

Er hört den Schlüssel. Luise steht vor ihm. Ihr Gesicht ist ruhig. Sie streicht sich mit beiden Händen das Haar zurück.

»Ich bitte dich um Verzeihung. Ich hab das nicht gewusst – was mir Agnes eben gesagt hat. Ich wollte dich nicht kränken. Nicht eben und nicht, als ich das Bild malte.«

Sie nickt, setzt sich auf die Bettkante. »Es ist schon gut«, sagt sie. Ihre Stimme klingt matt. »Ich hab bloß so 'nen Schreck gekriegt. Dass Sie das gewissermaßen malen konnten, was wirklich ist. Was ich fühle. Dass es mein Kind sein müsste. Dass sie es mir fortgenommen hat, bloß weil ich wollte, dass alles seine Ordnung hat. Erst nach dem Trauschein, verstehn Sie? Ich bin – ich hab ihn geliebt.« Sie beißt sich auf die Lippe.

Markwart berührt sie nicht, sieht sie nur an, mit seinen durchdringenden, aufsaugenden Augen.

»Ein ganz anderes Gesicht hast du gekriegt im letzten Vierteljahr«, sagt er leise. »Bist von einem schönen Mädchen zu einer Frau geworden. Zu jemandem, der etwas weiß und etwas erlitten hat. Wenn du mir nur erlaubtest, das auch zu malen ... Luise, bitte ...«

Sie schüttelt den Kopf. »Trotzdem nicht. Nun erst recht nicht.«

»Luise! Kannst du noch lächeln?«

»Bestimmt. Hab im Augenblick bloß keinen Grund, Professor.« –

Wieder ist es die *Vossische Zeitung*. Markwart hat sie abonniert und liest sie immer bei dem gemeinsamen Frühstück mit seinen beiden Modellen und Mitbewohnerinnen. »Na«, sagt er und beißt in sein von Luise geschmiertes Pflaumenmusbrötchen. »Bei euch zu Haus kommt man ja schnell in die Schlagzeilen, Mamsellchens. Nicht bloß Prügeleien zwischen Hinterhof und Beletage. Auch tragische Unfälle. Hier, ich les mal vor. *In den frühen Morgenstunden des vorigen Tages stürzte der Privatier G. aus der -straße in Berlin N aus dem zweiten Futterboden seiner inzwischen stillgelegten Fourragehandlung in Mitte auf das Steinpflaster des Stallgangs. Herr G. schwebt zwischen Leben und Tod. Unklar ist noch, ob er nach einer feuchtfröhlichen Nacht versehentlich einen Fehltritt tat oder ob Absicht zugrunde lag. G. soll hoch gespielt und verloren haben.«*

Agnes lässt ihren Kaffeelöffel sinken und starrt die Schwester an. »Luise! Det is der Vater von Bertram!«

»Ja«, sagt sie und hebt die Kanne. »Wollen Sie noch Kaffee, Professor?«

»Wenn der stirbt, denn —«

»Geht mich nichts an, Agnes. Bertram ist ja auch gestorben für mich.«

»Aber wenn der – denn is Bertram doch der Erbe! Denn lohnt sich det doch für uns beede!«

Luise setzt die Kanne ab. Holt aus und schlägt der Schwester mit voller Wucht ins Gesicht. Die weint auf und hält sich die Wange. »Hexe! Bloß, weil ick keen Blatt vor 'n Mund nehme …«

»Oh«, sagt Markwart interessiert. »Ihr prügelt euch? Wartet mal. Ich hole schnell meinen Skizzenblock.«

»Das traut die sich nicht, zurückzuhauen«, sagt Luise ruhig. Steht auf. »Hab noch in der Küche zu tun.«

Die beiden sehen ihr nach.

Wenn es doch bloß aufhören würde! Wenn nicht immer wieder jemand den Schorf von der Wunde reißen würde! Es geht nur, wenn man nichts fühlt. –

In der Nacht träumt sie. Sie sitzt mit Bertram im Dogcart und sie fahren durch den Spandauer Forst, alles ist grün und Licht und Schatten fliegen über das Gefährt hin, und auf einmal ist es der Schlitten im Tiergarten, und er hebt sich in die Luft. Sie ist auf der Schaukel, schwingt ganz weit über Berlin, ihr Haar flattert im Wind. Ist sie allein, ist ihr Bertram noch bei ihr? Sie weiß es nicht. Sie ist so voller Glück, dass es sie ganz leicht macht. Sie muss nur noch loslassen, und sie schwebt davon.

Als sie aufwacht, ist ihr Gesicht nass von Tränen. Warum hat sie geweint? Um sie herum war nur Licht und Sonne und Freude.

Sie setzt sich auf. Es ist stockdunkel. »Bertram!« Sie flüstert, atmet hastig. Hat gedacht, dass sie ganz und gar erstarrt ist, dass alles aus und vorbei ist. Auf einmal weiß sie, dass ihre

Hoffnung nicht totzukriegen ist. Verrückt. Es gibt überhaupt keinen Grund dafür.

Sie legt sich zurück, zieht die Decke bis zur Nasenspitze. Schläft ein.

Bertram hat Lohndiener bestellt und Portwein und Tee, Gebäck, Vanilleeis und Obst geordert. Er hofft, es wird reichen. Frau Lehnert, die ehemalige Köchin, wurde gemietet, in Häubchen und weißer Schürze, die Gäste zu empfangen. Finette und ihre Tochter warten im Salon. Die Mutter hat Laudanum genommen, ein starkes Beruhigungsmittel. Sie sitzt ganz still. Neben ihr schmiegt sich Bernadette in den Arm des Amerikaners.

Die große Standuhr mit dem wohlklingenden Westminstergong schlägt die volle Stunde. Nichts rührt sich. Es vergeht eine Viertelstunde, eine halbe. Dann kommt der eine oder der andere Dienstbote, der die Karte der Herrschaft mit dem kleinen Vermerk p.c. – pour condoler – abgibt. Nichts. Niemand.

Der Tee wird kalt. Das Eis zerläuft. Die Diener stehn sich die Beine in den Bauch. Der Kondolationsempfang bei der nicht gesellschaftsfähigen Witwe eines bankrotten Selbstmörders wird nicht zur Kenntnis genommen.

Nach einer Stunde entlohnt Bertram die Diener von der letzten Talerrolle, die sich in Walther Glücksmanns Schreibtischfach gefunden hat, und gibt der Mutter noch eine Ration der Laudanumtropfen.

»Ich finde das empörend«, sagt Franklin. »Diese Berliner Gesellschaft ist ohne jede Fairness. Hier haben sie den Champagner getrunken und sich aufgeführt, als wenn sie die Hausherren wären!«

Bertram nickt trübe. Fairness in dieser Gesellschaft. Auf so etwas kann auch nur einer aus der Neuen Welt kommen.

»Geh mit Bernadette auf ihr Zimmer«, sagt er. »Was sollt ihr hier Trübsal blasen. Mutter und ich, wir warten noch ein bisschen.«

Und dann geht die Klingel.

Finette belebt sich. »Oh, siehst du«, sagt sie und ordnet aufgeregt ihr Haar unter dem schwarzen Witwenschleier, »sie haben sich nur verspätet. Ich wusste es, dass sie noch kommen würden. Wir werden frischen Tee brühen müssen! Sitzt meine Taille straff?«

Frau Lehnert lässt einen graubärtigen Herrn im Gehrock ein, der eine schwarze Armbinde zum Zeichen der Trauer trägt. Neben dem Chapeau Claque, dem zusammenfaltbaren Zylinder, hält er einen großen Strauß weißer Rosen.

»Mein Beileid«, murmelt er, indem er sich über Finettes Hand beugt, um sie zu küssen. »Mein tief empfundenes Beileid, gnädige Frau, zum Ableben Ihres verehrten Herrn Gemahl. Auch Ihnen, junger Mann, die Kondolationen meines Hauses.«

Er wartet ab, bis die Lehnert mit seinem Hut, seinen Handschuhen und seinen Blumen verschwunden ist, ehe er Platz nimmt. »Vielleicht nicht vor den Ohren der Domestiken«, sagt er sanft. »Es tut mir Leid, dass ich Sie mit unangenehmen Dingen behelligen muss – das heißt, eigentlich wende ich mich an Sie, Herr Glücksmann junior, als der legitime Rechtsnachfolger Ihres verstorbenen Herrn Vaters. Ich vertrete die Disconto Gesellschaft, das Institut, bei dem Ihr Herr Vater die größten Kredite aufnahm. Gleichzeitig hat mich ein Konsortium von Gläubigern ermächtigt, seine Forderungen mit zu vertreten. Ich habe hier ein Portefeuille von Wechseln, Schuldscheinen und Überschreibungen – wobei ich nicht annehme, dass das alles ist. Andere vereinzelte Kreditoren werden sich noch melden.« Er macht eine Pause, wendet sich der Frau des Hauses zu. »Möchten Sie der Besprechung beiwohnen, gnädige Frau, oder ist es Ihnen recht, wenn ich es mit Ihrem Herrn Sohn allein abwickle? Er ist schließlich der männliche Erbe.«

Finette sagt gar nichts. Sie zerrt an ihren Handschuhen und starrt den beredten Herrn an, und ihre dunklen Augen sind wie Brunnenschlünde.

»Mama«, fragt Bertram behutsam. »Geht es dir nicht gut?«

Er muss seine Frage wiederholen. »Gut«, wiederholt sie mechanisch. »Es geht mir gut.« Sie zupft weiter an den Fingern der Spitzenhandschuhe herum. »Soll das heißen, dass wir jetzt arm sind?«

»Nun«, sagt der Graubärtige diplomatisch, »Armut ist ein hässliches Wort. Der Verstorbene ist etwas leichtsinnig mit seinem Vermögen umgegangen, er hat an der Börse die eine oder die andere Einbuße erlitten und außerdem noch in falsche Produkte investiert. Ich denke, erst nach Sichtung der Konkursmasse können wir sagen, wie sich Soll und Haben verteilen. Vielleicht gibt es ja noch geheime Reserven, die den Kreditoren nicht bekannt sind. Kommt Zeit, kommt Rat, Herr Glücksmann ...«

Die Stimme Finettes, ganz leise. »Wir werden doch nicht arm sein, nicht wahr? Er wird uns doch nicht machen asolche Zores, dein Tate?«

Zores?

Bertram muss einen Moment überlegen, was sie meint. Seine Mutter benutzt auf einmal die alten jiddischen Worte aus ihrer Heimat.

»Es wird sich gewiss alles regeln, Mama!«, sagt er begütigend. Obwohl er es selbst nicht ganz glaubt. –

Es ist eine kleine Trauergemeinde auf dem Dorotheenstädtischen Friedhof, die Walther Glücksmann zu Grabe trägt an diesem heißen Sommervormittag.

Außer der Familie hat sich fast nur noch das Personal eingefunden. Und Leute, die Geld zu bekommen haben. Nicht einmal die Redaktionsstuben der Zeitungen haben es für nötig gefunden, jemanden zu schicken. Ein Kranz mit Schleife tut's auch.

Die beiden Frauen verstecken sich unter ihren schwarzen Schleiern und hinter ihren Sonnenschirmen. Bertram und Franklin geleiten sie zu der wartenden Mietdroschke, als die Zeremonie vorbei ist. Auf der Heimfahrt wird kein Wort gesprochen. Als sie aussteigen, stehen ein paar Leute auf der Straße – Neugierige, Schaulustige, Gläubiger, die nur auf die Heimkunft der Familie warten, um sich an die Klingel des Hinteraufgangs zu hängen und ihre Forderungen anzumelden. Unter ihnen sieht Bertram aus dem Augenwinkel eine große knochige Gestalt mit einem geflochtenen Korb auf dem Rücken und einem kleinen Mädchen an der Hand. Es ist Anna Sander mit ihrer jüngsten Tochter.

Als Finette sie entdeckt, bleibt sie stehen und schlägt ihren Schleier zurück. Die Augen der beiden Frauen begegnen sich. Dann sagt die Witwe: »Siehst du, Anna …« Ihre Worte scheinen gleichsam in der Luft zu schweben.

Die Sander nickt. »Ick wünsche keinem wat Böses«, erwidert sie. »Aber es jibt 'n Sprichwort:

Gottes Mühlen mahlen langsam,
mahlen aber trefflich fein.«

Finette beginnt zu schluchzen. »Komm, Mama!« Bertram zieht seine Mutter hastig am Arm nach drinnen.

»Was war denn das?«, fragt er verstört. Aber Finette schüttelt nur den Kopf, gibt keine Antwort. Und er hat auch keine Zeit mehr, darüber nachzugrübeln. Der lange Amerikaner erwartet ihn bereits im Arbeitszimmer. Er hat sich bereit erklärt, mit ihm die Papiere und Bücher des Toten durchzugehen. Die beiden jungen Männer schließen sich ein. –

Als sie fertig sind, dämmert der Morgen und beleuchtet das Chaos des Zimmers, die Zeitungsberge, zwischen denen Glücksmann zu residieren pflegte, den Arbeitstisch. Franklin stapelt die Bücher und Blätter. Er und Bertram sind graubleich im Gesicht, übernächtigt, erschlagen.

Der Amerikaner sieht vor sich hin. »Hast du ein Glück, Bertram, dass ich mich in deine Schwester verliebt habe. Wenn das nicht wäre, würde ich jetzt meinen Hut nehmen, die nächste Schiffspassage nach Boston buchen und mich so schnell entfernen, wie mich meine Beine tragen können. Das ist ein Abgrund. Was du erbst, ist ein Schuldenberg, an dem du dein halbes Leben kauen kannst, wenn du Pech hast.«

»Das habe ich auch gesehen«, sagt Bertram resigniert. »Wie konnte es denn dazu kommen?!«

Franklin zerstrubbelt sein ohnehin schon wirres Haar noch mehr. »Als dein Vater vor zwanzig Jahren die Fourragehandlung übernahm, war das doch ein blühendes Unternehmen. Er hat in diesem Krieg gegen die Franzosen an Armeelieferungen verdient – Pferde und Futter, alles ging über seinen Tisch, hier, ich habe mir das angesehen!« Er hält die alten Bücher hoch.

»Ich glaube, da hatte immer noch mein Großvater die Hand im Spiel. Vater hat sich im Geschäft stets gelangweilt. Und als er es dann doch übernahm und Großvater bald darauf starb, da hat er sich nicht mehr darum gekümmert. Keine Krämergeschäfte mehr! Er hat nur noch an der Börse spekuliert und Handel im großen Stil getrieben.«

»Ja, mit den falschen Gegenständen. Ohne Sachkenntnis. Dieses Guano, wo Kunstdünger aufkommt! Und dieser Berg von Spielschulden – ich muss komplett verrückt sein, ein Mädchen heiraten zu wollen, deren Mitgift aus ungedeckten Schecks und verfallenen Wechseln besteht!«

»Du willst Bernadette …«

»Ja, dear God, was denkst denn du, warum ich hier mit dir sitze? Aus lauter Spaß bestimmt nicht!«

»Aber Franklin«, sagt Bertram mit einem Seufzer und sieht dem anderen gerade in die Augen, »ein gutes Geschäft ist das bestimmt nicht.«

Der andere fasst mit seinen langen Armen über den Tisch, packt Bertram an den Rockaufschlägen und schüttelt ihn. Er ist rot angelaufen. »Es ist Liebe, du Chammer, verstehst du! Es ist einfach bloß Liebe!« Er lässt ihn los. »Und wenn wir es geschickt anstellen«, fügt er nüchtern hinzu, »wird es vielleicht doch noch eine Investition.«

»Eine Investition?«

»Ja.«

Der Amerikaner streckt die langen Beine aus und reckt sich. »Eine Investition in die Zukunft. Aber darüber reden wir erst, wenn wir Kaffee haben.«

»Frau Lehnert …«

»Frau Lehnert, Frau Lehnert! Weck deine Schwester. In Amerika wird sie mir auch den Kaffee kochen müssen. Da kann sie's auch gleich lernen.« –

Bernadette macht den Kaffee gar nicht so schlecht.

Franklin schaufelt unendliche Mengen Zucker in seine Tasse, rührt um und beginnt: »Als Erstes frage ich dich: Wie

weit ist deine Erfindung? Dies Hören und Sprechen mit ver-
schiedenen Membranen an einem Handgriff fürs Telefon?«

»Es ist so gut wie fertig«, erwidert Bertram achselzuckend.
»Aber wie soll ich dazu jetzt Zeit finden?«

»Dazu und nur dazu musst du Zeit finden!« Franklin wird
dringlich. »Das ist die Nummer eins, Bert! Mach es fertig,
zeichne es auf, leg es dar und melde endlich das Patent an. So-
bald die Sache unter Dach und Fach ist, wie ihr hier sagt, wird
General Electrics sie übernehmen, dafür werde ich sorgen.
Und wer weiß, heute oder morgen gibt es in Deutschland
einen ähnlichen Verbund, und die werden es auch wollen. Du
wirst dir die Nase vergolden, Schwager! Gut, das klingt wie
Zukunftsmusik. Aber ich meine es ernst. Wir werden ein
Agreement machen, einen Vertrag. Ich werde beteiligt sein
am Gewinn, den dein Patent abwirft, und das gilt als Mitgift
für Bernadette. Dafür werde ich dir jetzt die dringendsten
Forderungen vorschießen. Aber nur die dringendsten, Bertram! Ich bin kein Krösus. Die Hauptarbeit liegt bei dir. Du
musst Gläubiger aufsuchen, Konditionen aushandeln, Leute
vertrösten. Und die Kleinen musst du abfinden. Immer sind
es die Kleinen, die reinfallen. Das ist schlecht.«

»Abfinden? Womit abfinden, Franklin?«

Der Amerikaner dreht die Handflächen nach außen. »Ganz
einfach, Cousin. Dieser ganze Luxus hier gehört verkauft und
diese Wohnung aufgegeben. Kannst du mir sagen, warum du
mit deiner Mom allein in elf Zimmern hausen willst, wenn
ich mit Dette weg bin?« –

Zwangsversteigerung in der Beletage! Walther Glücksmanns
Habe kommt auf die Gant. Es geht seit morgens früh. Bertram
Glücksmann, schmal und hager in seinem dunklen Anzug,

steht neben dem Auktionator und dem Gerichtsvollzieher und versucht, den Überblick zu behalten. Das ist seine Arbeit hier, und sie muss gemacht werden. Für den Mob, der sich auf der Straße vorm Haus gesammelt hat, um das Spektakel mit anzusehen, gibt es kein Erbarmen. Die kommentieren mit Johlen und Hohngelächter jedes Stück, was den hochherrschaftlichen Hausflur verlässt und davongetragen wird.

Ha'm sich übernommen, die feinen Pinkel, mit ihre Perverser auf 'm Fußboden und de Klimpermaschine für die Demoiselle Tochter! Jetzt kann se's ja ma mit 'ne Drehorjel versuchen! Ach guckt bloß ma, sojar de Nachttöppe sind bei denen aus Meißen! Na, nu werden se merken, det man mit 'n Blechlöffel ooch Erbsensuppe fressen kann.

Als die große Westminster-Standuhr herausgetragen wird, setzt sie jemand so ungeschickt ab, dass das Schlagwerk in Betrieb gerät. Die große Uhr schlägt und schlägt, und die Berliner brüllen vor Lachen. »Merkt ihr? Bei die hat's jetzt Dreizehn jeschlagen!«

»Leuteken, det is doch hier keen Polterabend!« Ein Schutzmann kommt vorbei. Will offensichtlich keinen Ärger. »Jeht ma nach Haus. Bei denen is eben der Jalousieriemen jerissen. Kann ja jedem ma passieren.«

Gelächter.

»Sehn Se, Wachtmeester«, sagt eine blasse junge Frau, »det is det Jute bei uns. Wo nischt is, kann ooch nischt jeholt werden.« Das Publikum pfeift Zustimmung.

Bertram hört es von drinnen, hinter herabgelassenen Rollläden.

Es geht schneller, als er erwartet hat. Sie sind kurz nach Mittag mit allem fertig. So fix kann man in alle Winde zerstreuen, was zwei Generationen liebevoll zusammengetragen haben … Weg. Vorbei. Adieu, Beletage.

Nachdem er endlich den Papierkram hinter sich hat und die beiden Herren verabschiedet, die beinah so ernste Gesichter machen wie die vom Bestattungsinstitut, will er in die Küche gehn und sehen, ob sich noch irgendetwas anfindet, ein Stück kalte Pastete – halt, halt, die Zeiten kalter Pastete sind vorbei, und die Zeiten von Frau Lehnert auch. Er wird zusehen, dass er eine Stulle mit Leberwurst schmieren kann. So läuft das jetzt.

In der Küche Stimmen. Das ist eindeutig Finette. Wollte die Mutter nicht mit Bernadette und Franklin aufs Land fahren, um dem allem zu entgehen? Wo hat sie sich nur die ganze Zeit aufgehalten?

Die Tür ist nur angelehnt.

Sie sitzen sich am Küchentisch gegenüber, Madame Finette Glücksmann, massig in ihrer schwarzen Robe mit den Jettperlen und Fransen, und die dürre Waschfrau Anna Sander, Schürze um, das Haar streng zurückgesteckt zum Dutt am Hinterkopf. Zwischen ihnen steht eine halb leere Flasche Korn.

Die Zunge der Sanders ist schwer. »Vor zwee Tage ha'm se mein Ollen verurteilt, weil er dein Bengel 'n Schubs jejeben hat. Zweeenhalb Jahre soll er brummen. Da hat keen Huhn un keen Hahn nach jekräht. Bloß wenn bei dir de Bude usjeräumt wird, da is Krethi un Plethi uff de Beene. Ejal. Kommt allet wieder rum, Veigele. Nu biste wieder da, wo de losmarschiert bist. Na, denn Prost.«

Sie hebt ihr Glas an die Lippen und kippt den Schnaps, und Bertrams Mutter tut es ihr nach.

Er kann nur ihren Rücken sehen und die Bewegung ihrer Hand, nicht ihr Gesicht, aber jetzt hört er ihre Stimme, ganz klein und verloren. »Jetzt bin ich asoi in Schlamassel, Anna, ich kann's nich sagen.«

Die Sander nickt. »Ja, jetzt biste in Schlamassel.« Sie gießt sich erneut ein. »Damals haste über mich jespottet. Aber ick bin immer ehrlich jewesen. Un du? Die Mätresse von 'nem reichen Mann. Jibt ooch noch andere Bezeichnungen für so wat.«

»Anna!« Finette hebt abwehrend die Hände.

Ist das denn möglich? Da kommt diese Frau her und beschimpft seine Mutter?

Bertram ist mit zwei Schritten am Tisch und nimmt der Sander das Glas aus der Hand.

»Was geht hier vor? Wie kommt diese Person hierher?«

»Nu man sachte, junger Mann. Hat mir rinjebeten, die verehrte Frau Mutter. Saß mutterseelenalleene uff de Hintertreppe, als ick mit mein Korb kam. Hatte sich verkrochen. Na, un denn hat se de Buddel spendiert, in Anbetracht der alten Zeiten …«

Finette sieht hilflos zu ihrem Sohn auf. Ihre Lippen zittern.

»Das gibt Ihnen kein Recht, sie zu beschimpfen«, sagt Bertram entschieden. »Und nun gehen Sie. Sie haben genug. Verschwinden Sie aus unserer Wohnung.«

»Noch! Noch is det Ihre Wohnung, junger Mann! Aber wie Se sehn – det Blättchen wendet sich manchmal schnell. Wollten Se nich meene Luise heiraten? Na, denn man zu, wenn Se se finden! Wat hab'n Se ihr denn zu bieten?«

Anna Sander, die sonst so Schweigsame, hat rote Flecken auf den Backenknochen.

»Kommen Sie.« Bertram packt sie am Arm. »Soll ich Sie nach Haus bringen?«

Die Wäscherin macht sich los. »Schaff ick alleene«, knurrt sie. Sie steht kerzengerade. »Aber de Buddel nehm ick mit.«

Sie verschwindet durch die Hintertür, ohne Finette noch eines Blickes zu würdigen, und Bertram atmet auf – wenigs-

tens ist sie nicht mehr hier in ihrer Küche zusammenge-
rutscht. Das kann sie nun bei sich zu Haus erledigen.

»Mutter – was war denn das?«

Er legt den Arm um sie. Finette Glücksmann beginnt zu
schluchzen. »Ich wollte dann doch nicht mitfahren mit den
Kindern, und auf einmal war ich – war ich so allein, Bertram.
Du warst beschäftigt und alles – alles war so verändert. Da
hab ich mich auf die Hintertreppe gesetzt, weil ich nicht
wollte, dass mich wer findet. Und da kam Anna vorbei. Wir
waren früher mal zusammen im Dienst, und ich dachte –
vielleicht können wir uns einfach versöhnen. Uns geht's ja
beiden dreckig. Ich hab sie reingebeten. Mit dem Schnaps,
den ich gekauft hab – da ist sie drauf gekommen. Hat danach
gefragt. Ich wusste ja nicht, was passiert.«

»Aber Mama! Jeder im Haus weiß, dass die Sander eine
Quartalssäuferin ist!«

»Bin ich jeder?«, fragt Finette und hebt ihr tränennasses
Gesicht zu ihrem Sohn hoch. »Ich sitz nur da vorn und fress
Süßigkeiten und hab von nichts keine Ahnung.« Sie dämpft
ihre Stimme. »Bertram, was meinst du? Ob sie mich mitnehmen nach Amerika, Franklin und Dette? Ich kann ihr auch
helfen, eine gute Jüdin zu werden. Ich weiß noch, wie man
koscher kocht –«

Bertram hält seine Mutter im Arm und wiegt sie hin und
her, als wenn sie ein Kind wäre. Das Herz tut ihm weh. –

Er klappert die großen Bankhäuser ab, der Herr Glücksmann
junior, blass und dunkeläugig, in seinem schwarzen Anzug
und mit seinen Sprüchen über das Patent, das er angemeldet
hat, und der Bürgschaft eines Vertreters von General Electrics
aus Baltimore.

Wer so hohe Schulden hat wie er, gelangt in die Chefetagen. Aber wenn man hört, dass die Disconto Bank die Hand auf der Schuldenmasse hat, zuckt man im Allgemeinen die Achseln. »Das ist ja schon erledigt. Was sollen wir da noch.«

»Wissen Sie«, rät man ihm ungeniert bei der Deutschen Bank, »vielleicht sollten Sie sich doch eher an eine jüdische Bank wenden, an Mendelssohn und Co. zum Beispiel. Das Deutsch-Nationale hierzulande sammelt sich. Ihren Erfindergeist in Ehren, junger Mann – aber wir investieren im Augenblick in Deutsch Südwest-Afrika. Das israelitische Element ist da nicht so stark vertreten.«

Bertram denkt an sein Erlebnis in der Hotelhalle, und ihm ist, als wenn er den Griff an seinem Kragen wieder spürt, die Aufforderung, den Judenlümmel an die frische Luft zu setzen. Geht.

Und bei Mendelssohn und Co. beißt er auch auf Granit.

»Denken Sie nur nicht, der Name Glücksmann ruft automatisch so etwas wie eine rassische Solidarität hervor. Es ist wahr, ich kannte Ihren Großvater, den Rabbiner. Ein ehrenwerter Mann. Aber hat man es in Ihrer Familie nicht schon vor zwei Generationen vorgezogen, sich taufen zu lassen? Nicht, dass dergleichen generell ein Hinderungsgrund wäre. Nur, leider, ich kenne Ihre Finanzlage, junger Mann …«

Zu einem Kreditabschluss kommt es denn endlich bei der Gewerbebank, dessen Direktor, wie er behauptet, nahezu väterliche Gefühle für den jungen Mann entwickelt. Grund: Er hat einen Sohn in dem Alter. Einen Tunichtgut, der das Geld durchbringt. Wenn er da sieht, wie sich jemand wie Bertram bemüht, packt ihn die Rührung. Weniger väterlich sind allerdings die Zinsbedingungen, die er Bertram aufbrummt. Zähneknirschend fügt er sich und hofft auf Vetter Franklin.

»Deutscher Erfindergeist und rühriger Biedersinn«, doziert der Bankdirektor jovial, »das hat unser Volk stark gemacht in der Welt.«

Soll er doch reden. Wenn er nur den Kredit gibt.

»Kommen Sie mit mir ins Allerheiligste, junger Mann!«, dröhnt der Bankier. »Stoßen wir mit einem guten Port auf solide Geschäfte an. Sie müssen wissen, ich bin ein durch und durch toleranter Mann. Ihr Name stört mich gar nicht.«

Bertram leistet alle Unterschriften und lässt auch den Port über sich ergehen. Erst als er sich verabschieden will, fällt sein Blick auf das Bild an der gegenüberliegenden Wand.

»Was ist das?«, fragt er leise. Seine Knie geben nach. Er muss sich wieder setzen.

»Wusste nicht, dass Sie Kunstkenner sind!«, sagt der Geschäftspartner vergnügt und fingert nach seiner Zigarre. »Ein neuer Markwart. Übrigens auch ein Sohn Israels. Ist das nicht famos? Neuerdings kann man diesen Herrn auch in sein Kontor hängen. War ja vorher mehr was fürs Herrenzimmer, unter Ausschluss von Damen, versteht sich. *Die Berlinerinnen* heißt das Bild. Sehn Sie sich's nur in Ruhe an. Wirklich fein, wie er seine nackten Weiber jetzt mit unserem Aufschwung zu koppeln versteht.«

Bertram zwinkert mit den Augen.

Zwei nackte junge Frauen über dem Alex. Eine ist schwanger. Die andere guckt ihn an, mit ihrem frechen sinnlichen Gesicht unterm roten Schopf. Die andere, das Haar blond und gekraust …

Wie aus der Ferne hört er: »Das ist neu, das ist kühn! Diese Berliner Stadtlandschaft als Hintergrund, diese subtile Farbgebung, und dann eine Schwangere als neues Modell. Endlich nicht nur die berühmten Rückenansichten, endlich mehr. Ja, da hab ich gut investiert, meinen Sie nicht auch?«

Bertram nickt.

Endlich. Warum ist er nicht vorher darauf gekommen?

Sie sind bei Markwart.

Das Atelier ist hell erleuchtet an diesem Abend, also muss jemand zu Haus sein. Bertram nimmt den Finger einfach nicht vom Klingelknopf.

Schließlich hört er die wütende Stimme des Malers: »Sind Sie wahnsinnig geworden, Mann? Ich arbeite!«

»Mir egal. Ich will zu Luise.«

»Hier ist keine Luise. Verschwinden Sie.«

»Erst schlage ich aber die Tür ein. Dann lohnt es wenigstens.«

Er beginnt, gegen die Tür zu donnern. Der Maler macht auf, in seinem Kittel, den Pinsel quer im Mund, die Palette auf der linken Hand. Bertram schiebt ihn beiseite.

»Wo wollen Sie hin, verdammt noch mal?«

»Er will zu mir«, sagt Luise. Sie steht in der Tür des Ateliers.

Bertram stürzt auf sie zu und fasst sie bei den Schultern. »So«, flüstert er in ihr Ohr. »Und nun gehe ich nicht wieder fort. Da müsstest du mich schon totschlagen.«

»Keiner will dich totschlagen, Bertram Glücksmann«, sagt sie. Sie ist geisterbleich, und ihre Augen sind wie blaue Flammen in ihrem Gesicht. »Ich habe nur eine Frage: Warum hast du mich so lange warten lassen?«

»Jetzt bin ich da, Luise.«

»Ja, du bist da.«

Der Maler steht noch immer in der Tür und guckt zu.

»Verschwinden Sie, Professor«, sagt Luise, ohne ihn anzusehen. »Haben Sie gar kein Schamgefühl? Das ist Bertram.«

Markwart lacht in sich hinein. Geht.

»Wohin?«, fragt Bertram.

Luise antwortet nicht. Sie zieht ihn zu ihrer Kammer, schließt hinter sich ab.

»Luise!« Er beginnt, sie wie rasend zu küssen.

»Oh Bertram, endlich, endlich! Ich dachte schon, dass mein Herz zu Stein werden müsste.«

»Luise, wie habe ich dich vermisst!«

»Wie habe ich darauf gewartet, dass du endlich kommst!«

»Nie wieder, keine einzige Stunde, will ich ohne dich sein, Luise!«

Es ist dunkel geworden in dem Raum. Sie liegen eng aneinander geschmiegt auf dem Bett.

»Wie hast du mich gefunden?«, fragt sie. Es ist wie ein Flüstern.

»Das Bild. Ich habe das Bild gesehen im Zimmer eines Bankpräsidenten.«

»Wann?«

»Vorhin. Vor ein paar Stunden.«

»Vorhin?«

»Ja, vorhin, in einem anderen Leben.«

Sie lacht leise.

»In einem anderen Leben.«

Plötzlich krümmt sie sich zusammen.

»Was ist dir, Luise?«

»Ach, Bertram – ich glaube, ich war gefroren und taue nun auf. Hier, spür mal.«

Sie hat seine Hand genommen und an ihre Wange geführt.

»Luise, wein nicht! Wein doch nicht!«

Nun kommen auch ihm die Tränen. »Alles ist falsch gegangen. Alles. Agnes kriegt das Kind von mir.«

»Ja, ich weiß«, sagt sie, und in ihre Stimme kommt Schärfe. »Warum bloß.«

»Ich hab auf dich gewartet. Und auf einmal kam sie. Wenn du mir nicht verzeihst, Luise −«

Sie küsst ihn. »Ja. Meinen Vater haben sie eingesperrt.«

»Und meiner ist tot.«

Sie schmiegen sich eng aneinander.

»Und weißt du schon, dass ich ein armer Schlucker bin? Vater hat all sein Geld vertan und verspielt.«

»Das«, sagt Luise und richtet sich auf, »ist doch wenigstens mal was Konkretes. Darauf kann man sich einstellen, Bertram Glücksmann. Nun stehn wir gleich.«

Und nun lachen sie. Beide.

Wie die Schritte hallen in einer leeren Wohnung!

Durch die schräg gestellten Jalousien fällt gedämpftes Licht auf das nackte Parkett und zeichnet es mit Streifen. Draußen auf der Straße liegt das goldgelbe Laub der Linden, und die Kinder von den Hinterhöfen quietschen und spazieren raschelnd darin herum.

»Alles kommt mir ganz fremd vor«, sagt Bertram.

»Und mir ganz bekannt«, erwidert Luise. »So sah es hier aus, als wir einzogen als Trockenwohner. Möbel hatten wir kaum. Ein paar Betten, ein Tisch, ein Schrank, ein klappriges Küchenspind. Ich weiß noch, wie ich mit Agnes durch diese Räume getobt bin. Und keiner konnte es uns verbieten. Keiner konnte sagen: Macht nicht solchen Lärm. Weil es wichtig war, dass in allen Zimmern jemand war. Puh, dieser Geruch nach Feuchtigkeit und Salpeter! Den vergesse ich mein Leben nicht.«

Sie gehen Hand in Hand durch die Räume.

»Hier stand Dettes Bechstein-Flügel«, sagt Bertram. »Und hier Vaters Schreibtisch. Weißt du, dass ich ihn beklaut habe wie ein Rabe?«

»Schämst du dich nicht?«

»Jetzt ja. Damals nicht. Und hier, siehst du? Das helle Viereck auf der Tapete? Davor war der Bücherschrank. Guck, mein Zimmer. Der kleine Brandfleck auf dem Parkett. Da habe ich mit Generatorspulen experimentiert und herumgekokelt. Das war dann der Grund für Vater, mich mit meinem Bastelkram rauszuschmeißen und mir die alte Futterkammer im Fourragehof zuzuteilen.«

»Richtig, der Fourragehof. Was wird mit ihm?«

»Er steht auf Abriss. Ich habe alles verkauft. Bauland. Wenn ich noch gewartet hätte, wäre der Preis sicher gestiegen. Aber du weißt ja, das geht nicht. Vaters Schulden.«

Luise nickt.

Sie haben sich in Bertrams ehemaligem Zimmer aufs Fensterbrett gesetzt. Warten auf den Vermieter, um ihm die Schlüssel zu übergeben. Luise hat noch das Hochzeitsbukett aus blassgelben Maréchal-Nil-Rosen in der Hand, das ihr Markwart geschenkt hat. Den Schleier freilich hat sie noch im Standesamt abgenommen und durch ein Hütchen ersetzt, und auch Bertram hat sie den Myrthenzweig aus dem Knopfloch entfernt. »Kein Grund, aufzufallen«, hat sie kategorisch erklärt.

Es war eine ganz kleine, ganz stille Hochzeit, mit Otto Markwart und Franklin Klugman als Trauzeugen und niemandem sonst. Keinem aus der engeren Familie.

Bernadette und ihre Mutter sind schon nach Hamburg vorausgefahren, um die Einschiffung der paar Dinge zu überwachen, die mitgehen nach drüben. Finette begleitet ihre Tochter. Und Luise hat klipp und klar dargelegt, dass sie weder ihre Mutter noch eine ihrer Schwestern sehen will bei dieser Heirat. Das ist eine Eheschließung, keine Hochzeit. Da brauchen wir kein Brimborium. Wird nur teuer. Da ihr Vater im Augenblick nicht im Besitz der bürgerlichen Ehrenrechte ist, hat die Stadt einen Vormund gestellt, der formal das Einverständnis zur Heirat zu erteilen hat – schließlich ist Luise noch nicht volljährig. Der Bräutigam übrigens auch nicht. Aber er ist »geschäftsfähig« –, was auch immer das heißen mag.

Da sitzen sie, Bertram im schwarzen Anzug, aus dem er ja im letzten Vierteljahr kaum rausgekommen ist, aus Geschäftsgründen, aus Trauergründen, nun auch aus Ehegründen, und Luise in dem goldbraunen Samtkostüm, das sie sich selbst geschneidert hat vom Stoff eines Capes, in dem Markwart sie gemalt hat. Sitzen da, und fangen an, sich zu küssen. Sie sind Mann und Frau seit zwei Stunden. Es bleibt nicht bei der Küsserei. Und so muss der ehrbare Herr Hausbesitzer drei-, viermal klingeln, bis endlich Bertram kommt und die Tür aufmacht, Bertram mit schief sitzender Halsbinde und verkehrt geknöpftem Hemd, und Luise zieht gerade ihr Kleid glatt, und ihre Haare sind auch nicht gerade das, was man eine Frisur nennt. Der Brautstrauß liegt achtlos hingeworfen irgendwo am Fußboden.

Der Hauswirt, ein feister, rotgesichtiger Mann, dessen Bauch fast den Knopf seines Gehrocks sprengt, grinst wissend.

»Herzlichen Jlückwunsch dem jungen Paar!«, kräht er mit seiner merkwürdig hohen und dünnen Stimme. »Wie heißt es doch: Jung jefreit hat nie jereut! Na, wohin jeht's denn in de Flitterwochen?«

Bertram tut eben den Mund auf, um irgendwas Verbindliches zu sagen, als Luise dazwischenfährt: »Nirgendwohin,

Herr Datke. Das können wir uns nicht leisten. Wir haben ein Unternehmen aufzubauen, mein Mann und ich.« Sie kramt in ihrem Pompadour, findet die Schlüssel. »Bitte, überzeugen Sie sich, dass alles seine Richtigkeit hat. Wir wollen dann gehen.«

»Aber jewiss doch, junge Frau.« Der Mann nimmt das Schlüsselbund entgegen, besichtigt die Räume.

»Warum bist du so schroff zu ihm?«, flüstert Bertram Luise ins Ohr.

»Weil das ein Halsabschneider ist«, gibt sie zurück. »Außerdem« – sie drückt seinen Arm – »wollte ich endlich mal Gelegenheit finden, dich ›mein Mann‹ zu nennen …« Sie kichert. Und dann stehen sie draußen auf der Straße und sehen zur Fassade auf, dieser schönen, hellen, stuckverzierten Fassade mit den großen Fenstern. Beletage.

Bertram sieht, dass Luise leise die Lippen bewegt.

»Betest du?«, fragt er.

Sie sieht ihn nicht an. »In gewisser Weise schon. Ich hab mir so was wie ein Versprechen gegeben. Nämlich, ich hab mir vorgenommen, dass wir hier wieder wohnen werden, Herr und Frau Glücksmann und ihre Kinder.«

Sie hat die Brauen gerunzelt.

»Du hast ja Pläne, Luise!«

»Ja, hab ich. Muss ja nicht die ganze Riesenwohnung sein. Man könnte sie teilen, hinten raus abvermieten.«

»Zukunftsmusik! Wenn wir schon dabei sind: Weißt du, was ich will? Wenn es dazu langt, dem Bankier das Bild abkaufen.«

»Welches Bild?«

»Das Bild, durch das ich dich wieder gefunden habe. Hast du vergessen? *Die Berlinerinnen*. Zwei Mädchen über dem Alex auf der Schaukel …«

»Dieser Schweinekram soll in meine Wohnung? Zwei nackte Weiber, und noch dazu *diese* Modelle? Also Herr Glücksmann …«

»Red nicht so einen Stuss. Das ist wirkliche Kunst. Und außerdem hat uns dies Bild wieder zusammengebracht. Und streiten müssen wir uns darüber nicht. Das ist Zukunftsmusik. Wir sind arme Schlucker.«

»Ach, hör auf! Du hast überhaupt keine Ahnung, wie wirkliche Armut geht. Du hast nie im Souterrain gehaust und nicht gewusst, wie es ist, wenn nichts zu essen im Schrank ist. Und außerdem – wir sind reich. Wir sind jung und gesund, wir haben unsere Hände zum Zupacken. Du besitzt das Patent, und bei dem einen wird's nicht bleiben. Du hast einen hellen Kopf, und den halt ich dir frei. Ich mach den Haushalt und führ die Bücher. Ich kann rechnen. Ich …«

Sie hat sich in Eifer geredet. Bertram verschließt ihr den Mund mit einem Kuss. »Du bist das, was mein Vater die Nächte lang gesucht hat – der große Gewinn. Die Glückssträhne.«

»Ach, hast du um mich gespielt?«, fragt sie scharf.

Er lacht. »Nein, ich hab dich einfach so gewonnen. Wurdest mir nachgeschmissen.«

Die Ohrfeige, die sie ihm zugedacht hat, fängt er gerade noch ab. –

»Und nun?« Er zögert. »Wenn du deine Mutter und die kleinen Mädchen besuchen willst …«

Sie presst die Lippen aufeinander, schüttelt energisch den Kopf. »Nein. Ich will nicht und ich kann nicht. Ich schick ihnen an Geld, was ich nur erübrigen kann. Also, was **wir** erübrigen können. Aber da hingehen – nee. Das wär wie am Rand eines Strudels. Ich hab einfach Angst, reinzurutschen. Ich weiß nicht, ob du das verstehst.«

Er nickt. »Das war mit Finette wohl so ähnlich. Sie hatte solche schreckliche Angst vor dem, wo sie herkam. Vor dem Wort Armut. Und irgendwie auch vor deiner Mutter.«

»Lass uns von was anderem reden. Heut ist unser Hochzeitstag.«

»Wollen wir nach Haus gehen?«

»Nach Haus! Wie das sich anhört! Die kleine Wohnung, die für deine Mutter sein sollte – die ist nun *Zuhaus*. Merkwürdig. Ich hatte nie ein Zuhaus, auf das ich mich freuen konnte.«

Sie legt den Kopf in den Nacken und sieht noch einmal die ganze schöne Fassade an, die sich vor ihr erstreckt. »Irgendwann ist das unser Zuhaus.«

Bertram legt den Arm um sie. »Du hast Courage, Mädchen!«

»Du auch. Weil du mich genommen hast. Ich werd dir schon einheizen.« –

Die Luft ist wie durchsichtig an diesem schönen Frühherbsttag. Sie trägt die Geräusche der Stadt von weit her heran, das Quietschen der Bahnen, das Rattern der Räder und Trappeln der Pferdehufe von der Magistrale, Ausrufer von Äpfel und Zeitungen, Geschrei, die Glocken der Kuchenfrauen, Kindergebläke, Gelächter, alles ist um sie herum.

»Lass uns noch ein paar Schritte gehn!«, schlägt Bertram vor.

Arm in Arm schlendern sie aufs Stadtzentrum zu, auf die feinen Gegenden. Auf der Spreebrücke nimmt Luise ihren Brautstrauß und wirft ihn mit großem Schwung ins Wasser. Er wird davongetragen, so schnell, als zögen die Nixen von unten an ihm.

»Guck mal, was der für ein Tempo entwickelt!«

Sie wollen sich ausschütten vor Lachen.

»Hier«, sagt Luise, als sie die Wilhelmstraße überqueren, »hier hab ich gestanden und auf eine Lücke gewartet zwischen den Fuhrwerken, als ich meine Mutter gesucht hab im vorigen November. Und ein Kutscher hat mir eins mit der Peitsche versetzt. Da hab ich mir geschworen, dass ich auch mal irgendwann in so 'ner Karosse sitze in Samt und Seide und in die Oper fahre.«

»Oper ist langweilig«, erwidert Bertram. »Und Kutsche müssen wir uns erst mal verkneifen.«

»Bertram. Das, was wir haben werden, das wird wirklich unseres sein.«

Sie gehen weiter in Richtung Linden.

»Luise«, sagt er. »Da ist noch was. Was wird mit Agnes?«

Sie macht den Nacken steif, und ihr Gang bekommt etwas Ruckartiges. »Was soll schon mit ihr sein? Sie ist bei Markwart.«

»Markwart will sie loswerden. Jedenfalls kommt mir das so vor. Und was soll er mit einer Haushälterin mit Kind?«

»Haushälterin – dass ich nicht lache! Ein Betthäschen, das keinen Finger krumm macht. Hast du etwa daran gedacht, dass wir sie zu uns nehmen, Herr Glücksmann?«

Bertram wird langsam ärgerlich. »Nein, Frau Glücksmann, gewiss nicht. Aber es mag dir nun passen oder nicht, sie kriegt ein Kind von mir.«

Luise ist stehen geblieben. Ihre Augen sind voll Tränen. »Das weiß ich«, sagt sie. »Und ich sag dir eins« – sie schluckt – »ich sage dir eins: Ich hab für Agnes getan, was ich konnte, und beinah ein bisschen mehr. Für sie tu ich nichts mehr. Was das Kind angeht – für das müssen wir sorgen. Und nun will ich darüber nicht mehr reden.«

»Das versteh ich. Aber du musst auch verstehn, dass *ich* darüber reden musste. Und gerade an diesem Tag.«

Sie haben die Linden überquert, lassen das Brandenburger Tor rechts liegen. Luise bleibt stehen. »Was ist denn das?«

»Hast du nichts davon gehört? Lorenz Adlon hat das Redern'sche Palais gekauft und lässt es abreißen.«

»Wieso denn?«

»Der Baron soll Spielschulden gehabt haben, dagegen waren die von Walther Glücksmann ein Säckchen voll Weihnachtsnüsse!«

»Abreißen, den schönen Bau?«

»Herr Adlon will da ein Hotel hinbauen.«

Sie sind dichter herangekommen. Mit Rammböcken und Abrissbirnen wütet man gegen die Schinkel'schen Mauern, während auf der anderen Seite schon die Ziegel für den Neubau angefahren werden.

»Alles ändert sich! Nichts ist von Bestand hier in Berlin!«

»Gar nichts, Bertram?«

»Erwartest du jetzt, dass ich sage: unsere Liebe?«

»Es gibt Sachen, über die macht man keine Witze.«

»Luise, meine Frau!«

»So hör ich das gern!«

Direkt neben ihnen wird ein Pferdegespann mit Steinquadern entladen. Mit Donnergepolter rollen die Blöcke zu Boden. Mörtel stäubt auf.

Inmitten der Wolke aus Baudreck und Straßenstaub umarmen sie sich.

ZEITTAFEL

Die Zeit, in der dieser Roman spielt, ist von wichtigen geschichtlichen Ereignissen geprägt: dem Wandel Deutschlands vom Agrar- zum Industriestaat, und der damit verbundenen Verstädterung, sowie dem deutsch-französischen Krieg in den Jahren 1870 bis 1871. Nach dem Sieg Deutschlands in diesem Krieg beginnen die so genannten »Gründerjahre« mit ihrem konjunkturellen Aufschwung – sie und eine sich bald anschließende Wirtschaftskrise, die Gründung des Deutschen Reiches und dessen imperiale Ansprüche bestimmen die Atmosphäre in Deutschland. Und: Nach der anfänglichen Vergabe von wichtigen Rechten an deutsche Juden erstarkt während der Zeit der Wirtschaftskrise ab 1873 der deutsche Antisemitismus; die Gesellschaft wird zunehmend judenfeindlicher – in einer Zeit, in der sich die deutschen Juden dem Land, in dem sie leben, immer stärker verbunden fühlen.

Gründerjahre

Nach dem deutsch-französischen Krieg setzt ein Aufschwung in der deutschen Wirtschaft ein. Vor allem die Annexion Elsass-Lothringens und die hohe Kriegsentschädigung, die Frankreich an Deutschland zahlen muss, begünstigen die Hochkonjunktur. Die fortschreitende Industrialisierung schafft neue Produkte und Märkte. Die Bauwirtschaft wird belebt, das Deutsche Reich beteiligt sich am Welthandel, zahlreiche Banken werden gegründet und eine große Anzahl an Aktiengesellschaften ins Leben gerufen.

1871 bis 1873 gründen sich 103 neue Aktienbanken, 25 Eisenbahngesellschaften, 102 Bau- und Montanunternehmen und insgesamt 843 Aktiengesellschaften. Die gesamte Bevölkerung – soweit sie der Ober- und Mittelschicht angehört – wird von einer Spekulations- und Gründungslust ergriffen.

Das Ende der Hochkonjunktur wird im April 1873 in Wien eingeleitet, als die dortige Börse zusammenbricht. Ende 1876 liegt der durchschnittliche Aktienkurs bei 50 % des Kurses von 1872. Viele Anleger verlieren ihr Vermögen ebenso schnell, wie sie es gewonnen hatten und stürzen oft in die Armut ab. Es folgen die Jahre der »großen Depression«, die sich bis 1896 auswirkt. Sie bringt Einbrüche auf allen Gebieten der Wirtschaft, heftige Preisstürze, soziales Elend, aber auch ein Erstarken von Sozialisten und Sozialdemokraten.

Sozialgesetzgebung

In diese Zeit fällt auch der Beginn einer systematischen Sozialgesetzgebung, vom Reichskanzler Bismarck initiiert, vornehmlich in der Absicht, Sozialisten und Sozialdemokraten nicht zur starken politischen Macht werden zu lassen. Zwischen 1883 und 1890 werden Kranken-, Unfall-, Alten- und Invalidenrenten eingeführt.

Imperialismus

Die imperialen Ansprüche des Deutschen Reiches finden ihren sichtbaren Ausdruck mit der Gründung so genannter deutscher »Schutzgebiete« in den Jahren 1883 bis 1884. In Wahrheit: Das Deutsche Reich annektiert Südwestafrika (heute Namibia), Kamerun, Togo und Ostafrika (heute Tansania); außerdem im Pazifik: Neuguinea, das Bismarckarchipel und die Marshallinseln.

Im Vergleich zu Ländern wie England, Frankreich oder auch Spanien und Portugal in früheren Jahrhunderten betreibt das Deutsche Reich unter Bismarcks Regie eine eher zurückhaltende Kolonialpolitik. – Der größte Teil der Welt ist ohnehin längst aufgeteilt. Und so schätzt Bismarck den Aufwand zur Gewinnung von Kolonien größer ein als den Gewinn. Ein wichtiger Grund, warum Deutschland dennoch weite Gebiete Afrikas an sich reißt: Sie sollen als Absatzmärkte für die expandierende Industrie dienen. Prestigeobjekte sind sie ohnehin.

1866 Gründung des Norddeutschen Bundes unter Führung Preußens

1870–1871 Deutsch-Französischer Krieg
Anlass: Die Kandidatur des preußischen Erbprinzen Leopold von Hohenzollern-Sigmaringen auf den spanischen Thron veranlasst den Protest der französischen Regierung. Sie sieht sich durch eine mögliche Verbindung Preußens und Spaniens bedroht. Daraufhin verzichtet Leopold, gemäß dem Wunsch König Wilhelms I. von Preußen, auf eine Kandidatur. Weitere Forderungen Frankreichs an Deutschland akzeptiert der König jedoch nicht. Sein Kanzler provoziert schließlich den Krieg mit Frankreich, um dessen Einfluss auf Deutschland sowie generell auf Europa zurückzudrängen und das Gewicht des Deutschen Reiches auf dem Kontinent zu erhöhen.

1870 Zusammenschluss des Norddeutschen Bundes mit den süddeutschen Staaten zum Deutschen Reich unter der Führung Preußens. Bismarck ist von 1871 bis 1890 Reichskanzler.

18.1.1871 König Wilhelm I. von Preußen wird im Spiegelsaal des Schlosses von Versailles zum Deutschen Kaiser ausgerufen.

10.5.1871 Im Frieden von Frankfurt werden die bereits in einem »Vorfrieden« in Versailles ausgehandelten Abmachungen bestätigt: Frankreich muss innerhalb von drei Jahren fünf Milliarden Francs an Deutschland zahlen und das Elsass und Lothringen an Deutschland abtreten.

Leseprobe

Paulas Katze

Ein Haus in Berlin 1935

»Sander, du bleibst!«

Nein, tu ich nicht. Hab meine Tasche gegriffen, noch vor dem Aufstehen und dem Heil-Hitler-Gruß und bin schon an der Tür, aber Friederike Baretti heißt nicht umsonst »die Kreuzspinne«. Sie schießt von ihrem Katheder vor wie aus der Ecke eines Netzes auf die Fliege und hat mich am Handgelenk, und die Klasse grölt, während sie mich auf meinen Platz zurückbringt. Ich lasse mich nicht gern anfassen und muss mir Mühe geben, mich nicht mit einem Ruck freizumachen.

Grüßen mit stramm nach vorn ausgereckter Hand und zusammengepressten Hacken. Friederike Barettis dunkle Augen lassen mich nicht los. Sie ist klein, noch einen halben Kopf kleiner als ich, aber selbst die großen dicken Weibsbilder dieser Klasse wie Hannelore Blaschke oder die blondzopfige Ulla Becker zittern vor ihr.

»Wegtreten bis auf Sander!«

Ich presse die Fingernägel in die Handballen. Nein! Nicht! Ich muss fort! Dies Zittern in mir. Ich muss zu Paula.

Die Baretti ist direkt vor mir. Setzt sich auf meinen Tisch. Ich rieche ihre Seife, starre auf das Muster ihres Kleids. Was will sie? Bin ich die Fliege in ihrem Netz? Ich atme schwer.

Endlich redet sie, mit dieser gefürchteten Stimme, die so seidenweich und so stahlhart sein kann. Jetzt ist sie nur klar und durchdringend.

»Wir Deutschen haben heute auf dem *Reichsparteitag der Freiheit* ein wichtiges Gesetz bekommen, ein Gesetz, das deutsches Blut und deutsche Ehre schützen wird, und ich war stolz, es der Klasse vorstellen zu können. Ich hatte aber den Eindruck, dass du, Katharina Sander, sehr wenig bei der Sache warst.«

Sie macht eine Pause.

Nicht bei der Sache? Kein Mensch konnte mehr bei der Sache sein als ich. Nur dass meine Gefühle nicht Genugtuung waren über das, was ich zu hören bekam, sondern Entsetzen. Will sie mich verhöhnen? Sie weiß doch sehr genau, dass Paula Glücksmann, meine Tante, Halbjüdin ist. Schließlich hat sie ja mit ihr in diesem Kollegium gearbeitet, bis sich Paula ans jüdische Gymnasium versetzen lassen musste, weil der Schule eine Nichtarierin als Zeichenlehrerin nicht mehr »zuzumuten« war.

Ich sehe sie an, und ihre dunklen Augen sind ohne zu blinzeln auf mich gerichtet.

»Darf ich jetzt gehen?«

Sie scheint nach draußen zu horchen. Nimmt das Gesetzblatt vom Katheder, hält es mir hin.

»Ich möchte dir das mitgeben und erwarte, dass du dich intensiv damit beschäftigst. Intensiv, hörst du?«

Ich antworte nicht. Will nur weg. Sie soll mich in Ruhe lassen.

»Sander«, sagt sie. »Ein bisschen Anpassungswille. Ein bisschen weniger Trotz. Du schadest nur dir selbst.« Sie geht zum Fenster, öffnet es, horcht wieder. Auf einmal wird mir klar: Sie will mit ihrem Manöver verhindern, dass ich mich mit den anderen anlege – oder die mit mir. Bloß warum? Es kann ihr doch gleichgültig sein, mit wem ich mich raufe.

»So«, sagt sie und macht den Fensterknebel wieder zu. »Das wär's. Du kannst jetzt gehen.« Fügt halblaut hinzu: »Grüß deine Tante. Es tut mir Leid.«

Mit zitternden Fingern stopfe ich das unselige Gesetzblatt in meine abgeschabte Tasche.

Es tut ihr Leid, der Kreuzspinne? Was tut ihr Leid? Dass ich eine nichtarische Tante habe? Oder dass sie es nun per Gesetz festgeschrieben haben: Juden sind Menschen zweiter Klasse? Ich haste den Gang hinunter, verlasse das Schulgebäude. Alles ist still. Die Baretti hat Recht. Die Luft ist rein.

Und plötzlich fange ich an zu rennen, wie ich als Kind gerannt bin. –

Niemand konnte so schnell rennen wie ich. Manchmal hab ich gedacht, dass ich eigentlich auch fliegen könnte, wenn ich nur einen Schritt zulegen würde. Keine Mauer war mir zu hoch, kein Baum zu schwierig. Es war, weil ich weglaufen musste. Weglaufen vor dem Gegröl der anderen Kinder und ihren Sprüchen wie »Lumpenmüllers Lieschen – rot wie ein Radieschen« oder »Rote Haare, Sommersprossen sind des Teufels Volksgenossen«. Und weglaufen vor mir selbst und vor meinen Ängsten. Inzwischen habe ich gelernt, standzuhalten. Aber weil ich nicht zu fangen war, nannten sie mich »*die Katze*«.

Nun rennt die Katze wieder, als wenn sie noch einmal das Mädchen von damals wäre. Rennt, rennt, rennt. Rennt zu Paula.

Als ich in unsere Straße einbiege, erhitzt bereits, mit einem leichten Seitenstechen und dem herrlichen Gefühl, dass mich niemand einholen kann, höre ich sie rumbrüllen. Es ist ein anderes Gebrüll als das, was mich und meinen rothaarigen,

sommersprossigen, zerlumpten und neuerdings auch be-
brillten Weg verfolgt. Aber dies Gebrüll kenne ich auch. Vor
allem, da es begleitet wird vom Aufschlagen von Stein auf
Holz und Metall. Steine fliegen gegen Türen und Jalousien.
Damals, vor zwei Jahren im Frühling, kam noch das Schep-
pern und Klirren von Glas dazu. Inzwischen sind die Betrof-
fenen klüger geworden und verbarrikadieren sich in ihren
Wohnungen und Geschäften.

Ich muss stehen bleiben.

Hole mühsam Luft. Mein Herz klopft wild. Ja, ich habe
Angst. Unauslöschliche Angst, wie damals, als ich an der
Hand von Paula durch die dämmrigen Straßen ging, unend-
lich glücklich, mit ihr zusammen zu sein, und meine kalte
Hand in der ihren, und beide in ihrer warmen Manteltasche.
Unvergesslich diese Stimmung. Unsere Zweisamkeit, unsere
friedliche Stille, und dann der Einbruch des Bedrohlichen.
Leute, die anders gehen als die normalen Passanten, die
irgendwie ein Ziel haben, ein gemeinsames Ziel. Die Fahnen
mit dem Hakenkreuz. Die braunen Uniformen. Die Inschrif-
ten an den Wänden. *Kauft nicht beim Juden! Juden sind Volks-
schädlinge!* Und wir sind unterwegs, um Paulas Vater abzuho-
len vom Geschäft. Bertram Glücksmann. Bertram Glücksmann
ist Jude.

Paulas Zittern, ihre Stimme. »Die Völkischen. Diese Mör-
der.« Und ihre Angst, die sich auf mich überträgt wie eine
ansteckende Krankheit.

Ein Mann wird aus einem Haus gezerrt und aufs Pflaster
geknallt. Es ist nicht Bertram. Zum Glück. Sie schließen den
Kreis um ihn. Wir laufen fort.

Damals war ich noch ein Kind. Aber die Bilder, die Laute,
sie sind unvergesslich. Und da stehe ich, die Katze, die vor
nichts mehr davonläuft, und überlege, wie ich vielleicht

einen Umweg nehmen kann, so, dass ich nicht an dem Haus vorbei muss, wo die Löwenbergs wohnen.

Damals war das noch der Mob. Und das war beruhigend – auch wenn kein Polizist kam, um zu helfen. Jetzt hat der Mob ein Gesetz hinter sich und ist das Volk.

Meine Zähne schlagen aufeinander.

Während ich da noch an der Ecke stehe, zögernd, feige, trifft mich eine Stimme: »Katze. Ich trau mich nicht nach Haus.«

In eine Toreinfahrt gedrückt, steht sie leibhaftig da, Elise Löwenberg, einstige Spielgefährtin und Klassenkameradin, bevor sie aufs Jüdische Lyzeum kam. Elise, die Hochmütige; Elise, die Reiche. Und traut sich nicht nach Haus. Verständlich, bei dem, was man hört da um die Ecke.

»Habt ihr keinen Hofeingang? Kannst du nicht irgendwo durchschlüpfen?«, frage ich hastig und fühle mich gar nicht zum Heldentum aufgelegt.

Elise schüttelt den Kopf, und ihre großen, brennenden Augen sind ohne zu blinzeln auf mich gerichtet, als erwarte sie etwas von mir. Wieso eigentlich? Nicht, dass wir so dicke Freundinnen gewesen wären. Nie durfte ich sie besuchen. Lumpenmüllers Lieschen.

Und ich hab keine Zeit. Ich muss zu Paula!

Das Geschepper hat aufgehört. Dafür fängt Elise jetzt an zu weinen. Sie schluchzt wie ein kleines Kind. »Ich will zu meiner Mutter«, sagt sie leise, und die Tropfen rinnen ihr an der Nase entlang. Elise, die Stolze.

»Ich guck mal um die Ecke«, sage ich. Irgendwie muss ich ja auch weiter.

Schiebe meine Tasche unter den Arm und atme tief durch. Schließlich hast du Kampferfahrung, Katze, im Gegensatz zu Fräulein Löwenberg.

Das Stein-Bombardement hat aufgehört. Offenbar wurde die Munition erfolglos verschossen, Löwenbergs haben die Jalousien mit Stahl verstärken lassen. Weitsichtige Leute. Vor dem Haus stehen keine Erwachsenen, sondern nur ein Trüppchen Kinder aus der Gegend, ich kenne sie alle. Mit denen werde ich fertig. Die Blaschke aus meiner Klasse ist der schwerste Fall. Die Bengel von Neussel. Die sind kleiner als ich. Und Horst Grettenbach vom Quergebäude, der stottert und von seinem Vater immer so verdroschen wird, dass man ihn bis auf die Straße schreien hört. Die vier haben sich einen Spaß gemacht. Jetzt rufen sie im Chor: »Deutschland erwache! Juda verrecke!«

Wenn man schon keinen Mut für sich selbst hat – für andere findet man ihn dann wieder.

»Komm«, sage ich entschlossen zu Elise. »Ich bring dich nach Haus. Hast du deine Schlüssel parat?«

Elise nickt und fummelt mit zittrigen Händen an ihrer Jackentasche. Zittrig bin ich auch. Trotzdem. Ich recke das Kinn vor und gehe los. Sie folgt mir wie ein Schatten.

Als sie uns beide sehen, bricht der Sprechchor erst einmal ab. Verblüffung. Dann sagt Horst: »Jetzt hat die Ju-judensau sich die L-l-lumpenkatze m-mitgebracht.« Das Gegröl setzt wieder ein. Aber noch greift uns keiner an.